EL DECRETO DE JEHOVÁ TE DICE

Si de madrugada buscares
a **Jehová** ciertamente *Él*
se despertará *por ti* y aunque
tu comienzo haya sido
pequeño *tu* final será
muy ***grande***

ANA MALDONADO

Nuestra Visión
Llenar la tierra con el conocimiento de la Gloria de Dios

«Yo te he llamado a traer Mi poder sobrenatural a esta generación».

El Decreto de Jehová
Primera Edición 2010

ISBN: 978-1-59272-356-0

 Todos los textos bíblicos han sido tomados de Reina-Valera. Biblia de Estudio Arco Iris. Nashville: Sociedades Bíblicas en América Latina, 1995; excepto donde se indica (NVI) que han sido tomados de Biblia de Estudio de la Vida Plena (NIV). Miami: Editorial Vida, 2003.

Directora del Proyecto: Addilena Torres
Desarrollo Editorial: José Miguel Anhuaman y Adriana Cardona
Diseño de Portada: Sergio Alvarado y Jessie Morales
Diseño Interior: José Miguel Anhuaman

Categoría: Oración

Publicado por: ERJ Publicaciones
13651 SW 143 Ct., Suite 101, Miami, FL 33186
Tel: (305) 233-3325 – Fax: (305) 675-5770

Impreso en Colombia
Impreso por Quad/Graphics

Dedicatoria

Dedico este libro a mi precioso Padre Celestial, que me ha dado la fuerza de Su Espíritu Santo para ganar las batallas a favor de su amada iglesia. Le doy gracias por la perseverancia que me ha dado para poderme levantar cada mañana a buscar su presencia. Todo lo que sé, todo lo que soy y todo lo que puedo hacer por mi esposo, Guillermo Maldonado, por mis niños Bryan y Ronald y por mi propia vida, se lo debo a esas preciosas madrugadas con mi Señor. También quiero dedicárselo a todos los intercesores que han aportado oraciones a este ministerio y que han orado por mí. Gracias a esos intercesores que reparan la brecha por nosotros diariamente.

Agradecimiento

Para mí el lenguaje de amor más lindo que puede existir se llama oración. Las personas agradecidas son aquellas que le dan gracias a Dios por todo, incluyendo a quienes trabajamos en la obra del Señor. Lo peor que una persona puede encontrarse en el camino, es alguien que es mal agradecido. El agradecimiento es la virtud más preciosa que puede tener un corazón. Ser agradecidos es una virtud bíblica. Una anécdota familiar: Una mañana, mi hijo Ronald se levantó y me dijo: "Mamita, yo estoy muy agradecido con mi papá y por eso lo amo, porque él se sacrifica por el pueblo". Eso es un corazón agradecido. Hoy agradezco a todos aquellos que tienen un corazón de niño, porque ellos serán bendecidos con toda sobreabundancia.

Índice

Nov. 11-2012

Tomar Mi Voluntad es mi décisión

El señor busca adorares en

Nohali
Misael
sarita
Manita
Luis
christian
Sorma
Sarita
Sefora
obin
nancy
Ismael

Ef. 4.31
col 3.8
pro 3.12

El colo azul Royal
Obedienda

Dios tiene la facultad de olvidar las ofenza pero nosotros nunca olvidamos siempre recordamos las ofensas

Doblegar la Voluntad

Escandalon-sig trampa

1.-Rindiendo -2 quebrantadola

3. Vaciando Mi Voluntad y llenandola con la Voluntad de Dios

Rindiendose sig. Estar Muerto ala volontad

Prólogo

Siempre me pone muy feliz que me pidan un prólogo para recomendar los escritos de hijos e hijas espirituales; pero creo que ésta es una alegría mayor porque se trata de una persona que amo más y es mi esposa. La segunda razón de mi inmensa alegría es que yo he visto a mi esposa crecer y madurar y sé que todo lo que está escrito en este libro es la experiencia vívida de una mujer consagrada, dedicada, sacrificada y llena de denuedo. Todos los días en la madrugada, ora e intercede por la Iglesia de Cristo, por su familia y por las naciones. Yo la considero una mujer con una carga espiritual, pues no sólo le gusta la intercesión sino que tiene una gran revelación divina en esta área, así como en la liberación.

Hay tres puntos importantes que se pueden destacar de la oración de Jesús: Él oraba conforme a la Palabra, oraba por el pueblo y Dios siempre le contestaba. Yo puedo decir que Ana es una de esas personas que Dios tiene como su extensión en el ministerio de la intercesión en la Tierra. Ella ora conforme a la Palabra y ora por todo lo que usted va a ver en este libro: las naciones, el gobierno, los matrimonios, la familia, Israel, los hijos, las almas, las finanzas y mucho más. Los resultados que yo personalmente puedo avalar son que en todas las áreas Dios la oye y contesta sus oraciones. Conozco muy pocas personas, en el cuerpo de Cristo, que tengan la gracia y la unción para interceder que tiene mi esposa. Una de las virtudes que quiero agradecer grandemente, y que siempre aprecio y valoro, es el hecho de que ella, todos los días, ora por mí y por mis hijos como una prioridad. De hecho, creo que ésta debe ser la prioridad de toda mujer, proteger a su esposo y rodearlo en intercesión.

Por todo esto, me siento más que seguro y dispuesto a recomendar este libro; porque sale de los depósitos espirituales de una mujer consagrada a Dios y muy cercana a mi corazón; una mujer a quien amo profundamente. Estoy orgulloso que este libro llegue a tantas personas para bendecirlas, y declaro que, así como Dios contesta las oraciones de mi esposa, también contestará las de aquellos que lean este libro, pues serán activados en la intercesión. Sinceramente recomiendo este libro porque sé que mientras lo lea será tocado y transformado.

Una vez más, no me canso de expresar la gran alegría y el gozo que me produce poder escribir el prólogo para un libro que bendecirá a tantas personas en el mundo. Deseo que cada lector pueda usar estas oraciones y aplicarlas a su vida y activarse para bendecir a todos aquellos que Dios ha puesto a su alrededor. ¡Gracias Señor por esta oportunidad de escribir un prólogo para la persona más importante en mi vida, mi esposa!

Apóstol Guillermo Maldonado
Ministerio Internacional El Rey Jesús

Introducción

Cuando los discípulos le pidieron a Jesús que les enseñara a orar, Él les enseñó el Padre Nuestro. Ésta siempre fue una guía de cómo deberíamos orar para ser escuchados por el Padre. Jesús nunca dijo que teníamos que repetirlo textualmente, sino que nos mostró los puntos importantes por los cuales debíamos ir ante el altar de Dios, confiando en ser escuchados.

El libro que está en sus manos, tiene exactamente la misma intención: servirle de guía para que usted llegue ante el Padre y clame por sus hijos, por su matrimonio, por el sacerdocio de su esposo, por el llamado que usted y su familia tienen dentro de la iglesia de Cristo, por sus necesidades personales, financieras y de negocios, por la santidad propia y de su familia, por victoria en medio de la guerra espiritual; en fin, por cuanta necesidad usted pueda imaginar. Tal vez al comienzo usted tenga que leer las oraciones, mientras se familiariza con la forma poderosa de orar que Jesús nos enseñó. Pero mi intención al escribirlas, no es que usted haga vanas repeticiones; antes al contrario, es mejor tomar la esencia de la oración y, a la luz de la Palabra, clamar ante Dios por todas nuestras necesidades.

Lo que aquí aparece escrito ha sido tomado de las oraciones que cada madrugada hago en compañía del pueblo de Dios. Han sido muchas jornadas poderosas de oración, intercesión, liberación y guerra espiritual, ante la presencia de Dios. Todas estas oraciones llevan como ingredientes sustanciales, el compromiso del pueblo, sus lágrimas, sus anhelos y sus pactos con nuestro Padre Celestial y con nuestro amado Jesús de Nazaret.

Mi labor dentro del cuerpo de Cristo, siempre ha sido interceder por mi esposo, por mis hijos, por el ministerio que Dios nos confió y por los hombres, mujeres y niños de nuestra congregación. Mi fuerte llamado a la intercesión ha servido también para ayudar a "parir en el espíritu" el llamado de cada persona que fue señalada y apartada por el Espíritu Santo para compartir, junto a mi esposo, las cargas ministeriales.

Hoy quiero invitarlo a que juntos levantemos un altar de oración para el Señor. No importa dónde usted se encuentra, no importa la tarea que usted hace para ganarse el pan de cada día, no importa la posición que ocupa en la iglesia, no importa si es un nuevo creyente, no importa su condición social ni siquiera importa su grado de escolaridad. Dios tiene un propósito y un destino para usted; y éste es glorioso. Recuerde que "usted no es" lo que los demás dicen de usted; ni siquiera lo que usted ve frente al espejo. "Usted es" lo que la Palabra de Dios declara.

¡Venga, ore conmigo! Lo primero que debe saber es que usted es un hijo de Dios, creado a Su imagen y semejanza, lavado con la sangre de Cristo, muerto al pecado cuando reconoció a Jesús como su Señor y Salvador, pero resucitado juntamente con Cristo cuando Él venció a la muerte y al pecado.

Dice la Biblia que cuando dos o más personas se ponen de acuerdo tocante a cualquier cosa, todo lo que pidan con fe, les será concedido. Yo declaro en este día, que usted y yo estamos de común acuerdo y oramos en la misma dirección. Ahora, haga un acto de fe; abra el libro y comience a declarar conmigo, sabiendo que nuestro Padre que está en los cielos es un Dios vivo, que ve, siente, escucha y actúa; y Él nos dará todo lo que nos hace falta conforme a Sus riquezas en gloria en Cristo Jesús. Los resultados le sorprenderán.

Un último pedido: me gustaría saber cómo obra el poder sobrenatural de Dios en su vida a través de la oración; así que lo invito a llamar a nuestro Ministerio para contarnos su testimonio.

¡Dios le bendiga!

Capítulo 1

LA PALABRA COMO ARMA

La Palabra como Arma

Es bueno que entendamos la importancia de orar conforme a la palabra de Dios. Sólo la Biblia nos protege de hacer oraciones emocionales e incorrectas; oraciones que suenan bien a los oídos terrenales, pero carecen de sentido para Dios. Con esto, hago un llamado a los intercesores del mundo para que ayuden a cambiar el mal concepto que se tiene de la intercesión. Es verdad que hay algunos que hacen oraciones incorrectas, pero también es cierto que la mayoría de intercesores es gente llena del poder de Dios para declarar, decretar y establecer la voluntad de Dios en la Tierra. Oramos de forma correcta cuando lo hacemos en base a la Escritura, sin querer complacer al mundo y cuando evitamos expresiones que manipulan y controlan. La palabra de Dios es el arma que mejor nos protege; es la espada de doble filo que en nuestra boca tiene el poder para crear y destruir, atar y desatar. La palabra de Dios es un arma que nunca falla y jamás regresa vacía. En este día, yo lo invito hermano(a) para que comencemos a orar conforme a la palabra de Dios. Nosotros, como está escrito en el libro de los Hechos, persistiremos en la oración y en el ministerio de la Palabra.

La palabra de Dios es el arma que nos da el derecho de hacer todo lo que Cristo hizo y más. La palabra de Dios es más cortante que toda espada de dos filos; penetra hasta partir el alma y el espíritu, las coyunturas y los tuétanos. La palabra de Dios discierne los pensamientos y las intenciones del corazón. La palabra de Dios es el arma que nos asegura que Él nos dará todo lo que pidamos, siempre que vayamos en Su nombre.

"[12] De cierto, de cierto os digo: El que en mí cree, las obras que yo hago, él también las hará; y aun mayores hará, porque yo voy al Padre. [13] Todo lo que pidáis al Padre en mi nombre, lo haré, para que el Padre sea glorificado en el Hijo. [14] Si algo pedís en mi nombre, yo lo haré.

Juan 14:12-14

La palabra de Dios es el arma que nos da poder para derrotar al enemigo y nos protege contra toda adversidad.

"19 Os doy potestad de pisotear serpientes y escorpiones, y sobre toda fuerza del enemigo, y nada os dañará".
Lucas 10:19

La palabra de Dios es el arma que nos da poder para atar las obras de maldad del enemigo y para desatar las bendiciones que teníamos retenidas.

"18 De cierto os digo que todo lo que atéis en la tierra será atado en el cielo; y todo lo que desatéis en la tierra será desatado en el cielo".
Mateo 18:18

La palabra de Dios es el arma que nos garantiza que si permanecemos conforme a lo que Jesús ha declarado, recibiremos todo lo que Él nos ha prometido.

"7 Si permanecéis en mí y mis palabras permanecen en vosotros, pedid todo lo que queráis y os será hecho".
Juan 15:7

....

....

....

....

La palabra de Dios es el arma que nos infunde aliento, que nos da confianza, que nos asegura que todo aquello que es imposible para nosotros, es posible para Dios.

"[27] Entonces Jesús, mirándolos, dijo: 'Para los hombres es imposible, pero no para Dios, porque todas las cosas son posibles para Dios'".
Marcos 10:27

La palabra de Dios es el arma que sirve para clamar por las riquezas y frutos que nos corresponden, de acuerdo a las riquezas que nuestro Padre Celestial posee.

"[19] Así que mi Dios les proveerá de todo lo que necesiten, conforme a las gloriosas riquezas que tiene en Cristo Jesús".
Filipenses 4:19 (NVI)

La palabra de Dios es el arma que nos garantiza, que si creemos en Dios, todo, absolutamente todo, lo podemos lograr.

"[23] Jesús le dijo: '...al que cree todo le es posible'".
Marcos 9:23

....

....

....

....

La palabra de Dios es el arma para obtener la sabiduría del Cielo, con la que podemos enfrentar todas las pruebas.

"[5]Si a alguno de ustedes le falta sabiduría, pídasela a Dios, y él se la dará, pues Dios da a todos generosamente sin menospreciar a nadie".
Santiago 1:5 (NVI)

La palabra de Dios es el arma que nos permite confiar en el poder de Dios para hacer su voluntad, sin importar lo que el enemigo intente levantar contra nosotros.

"[20]Habló Daniel y dijo: 'Sea bendito el nombre de Dios de siglos en siglos, porque suyos son el poder y la sabiduría. [21]Él muda los tiempos y las edades, quita reyes y pone reyes; da la sabiduría a los sabios y la ciencia a los entendidos. [22]Él revela lo profundo y lo escondido, conoce lo que está en tinieblas y con él mora la luz'".
Daniel 2:20-22

....

....

....

....

La palabra de Dios es el arma para prosperar en todo lo que hagamos, porque Dios está con nosotros siempre.

"[7]Solamente esfuérzate y sé muy valiente, cuidando de obrar conforme a toda la Ley que mi siervo Moisés te mandó; no te apartes de ella ni a la derecha ni a la izquierda, para que seas prosperado en todas las cosas que emprendas".
Josué 1:7

Capítulo 2

Oraciones personales

Oraciones Personales

El tiempo que usted amado(a) hermano(a) dedique a sus oraciones personales marcarán su nivel de consagración a Dios. Por eso, es importante que cada uno de nosotros rinda a Dios, día a día, cada área de su vida. Muchos todavía arrastran problemas de ira, ego, codicia y lujuria. Otros, mantienen ataduras que no han podido romper, relacionadas con la concupiscencia; es decir, con el deseo desmedido por las cosas materiales, que los lleva a usar el erotismo, la sensualidad y la deshonestidad, como armas para alcanzar lo que quieren. De ahí la necesidad de incluir en nuestro devocional personal, toda área que estorba nuestro caminar con Dios. David dijo en el Salmo 35, júzgame conforme a tu justicia, Jehová Dios mío, que no se alegren de mí mis enemigos; líbrame de gente impía y del hombre engañador e inicuo. Disputa con los que contra mí contienden; pelea contra los que me combaten. Sean avergonzados y confundidos los que buscan mi vida; sean vueltos atrás y avergonzados los que mi mal intentan. Hoy los invito a chequear su vida, área por área, para que la consagren al Señor. Segura estoy que nuestro Dios nos dará la victoria.

Confío en Dios y habito al abrigo del altísimo. Tú eres, Señor, la esperanza mía, el castillo mío. Tú nos libras del cazador y de la peste destructora, con tus plumas nos cubres y bajo tus alas estamos seguros. Escudo y adarga es tu verdad; no temeré mal alguno, ni terror nocturno, ni saeta que vuele de día, ni pestilencia que ande en la oscuridad, ni mortandad que en medio del día destruya. Declaro, Señor, que caerán a mi lado mil y diez mil a mi diestra, más a mí no llegarán.

"[1] El que habita al abrigo del Altísimo morará bajo la sombra del Omnipotente. [2] Diré yo a Jehová: «Esperanza mía y castillo mío; mi Dios, en quien confiaré». [3] Él te librará del lazo del cazador, de la peste destructora. [4] Con sus plumas te cubrirá y debajo de sus alas estarás seguro; escudo y protección es su verdad. [5] No temerás al terror nocturno ni a la saeta que vuele de día, [6] ni a la pestilencia que ande en la oscuridad, ni a mortandad que en medio del día destruya. [7] Caerán a tu lado mil y diez mil a tu diestra; mas a ti no llegarán".

Salmos 91:1-7

Señor, en tu nombre, ato todo espíritu de muerte, robo, secuestro y destrucción que el enemigo quiera lanzar contra mi vida. Jesús, hoy recibo la vida en abundancia que Tú tienes para mí.

"[10] El ladrón no viene sino para hurtar, matar y destruir; yo he venido para que tengan vida... en abundancia".
Juan 10:10

Amado Padre Celestial, declaro en tu nombre que toda oración de manipulación, control y hechicería se pulveriza ahora mismo. Enséñanos, Señor, a hacer oraciones de Reino; danos sabiduría cuando tengamos que abrir nuestra boca, para que cada palabra que digamos sea dirigida por tu Santo Espíritu. Que nuestras oraciones estén fundadas siempre en el temor de Dios.

"[26] ...el Espíritu nos ayuda en nuestra debilidad, pues qué hemos de pedir como conviene, no lo sabemos, pero el Espíritu mismo intercede por nosotros con gemidos indecibles".
Romanos 8:26

"[3] Pedís, pero no recibís, porque pedís mal...".
Santiago 4:3

Ato todo plan de hombre, del enemigo y del infierno que quiera venir contra mí y contra la iglesia de Cristo. Declaro que Jehová es quien tiene la última palabra sobre mi vida y la de Sus hijos.

"[33] ...el veredicto proviene del Señor".
Proverbios 16:33

Espíritu Santo, ayúdame a llegar delante del trono de Dios para adorar a mi Rey, junto a los 24 ancianos que permanecen postrados en los cielos, dándole toda honra, gloria y honor. Señor, me uno a esa adoración, declarando que Tú eres Santo, Santo, Santo. Tú eres digno. Hoy los cielos y la Tierra se unen para adorarte en espíritu y verdad.

"[10] Los veinticuatro ancianos se postran delante del que está sentado en el trono, y adoran al que vive por los siglos de los siglos, y echan sus coronas delante del trono, diciendo: [11] 'Señor, digno eres de recibir la gloria, la honra y el poder, porque tú creaste todas las cosas, y por tu voluntad existen y fueron creadas'".
Apocalipsis 4:10, 11

"[24] Dios es Espíritu, y los que lo adoran, en espíritu y en verdad es necesario que lo adoren".
Juan 4:24

....

....

....

....

Señor enséñanos a conocer el misterio de tu voluntad en nuestra oración y adoración. Enséñanos a hacer tu voluntad en nuestra familia, matrimonio, ministerio y en cada área de nuestra vida. Jehová, hoy nos agarramos firmemente de tu voluntad y dejamos que ella se cumpla en cada paso que damos.

"[9] Él nos hizo conocer el misterio de su voluntad conforme al buen propósito que de antemano estableció en Cristo".
Efesios 1:9 (NVI)

Declaro, Señor, que llega a tu pueblo la verdadera revelación de los cielos. Ato toda falsa revelación; todo aquello que provenga de carne y sangre. Señor, levántame en intercesión reveladora, para gloria tuya.

"[17] Entonces le respondió Jesús: –Bienaventurado eres, Simón, hijo de Jonás, porque no te lo reveló carne ni sangre, sino mi Padre que está en los cielos".
Mateo 16:17

....

....

....

....

Echo fuera de mi vida las cosas del pasado. Recibo las cosas nuevas y poderosas que Tú, Señor, tienes para mí. Activo, Señor, tu gracia para discernirlas y moverme en ellas.

"[18] No os acordéis de las cosas pasadas ni traigáis a la memoria las cosas antiguas. [19] He aquí que yo hago cosa nueva... Otra vez abriré camino en el desierto y ríos en la tierra estéril.
Isaías 43:18, 19

Señor, hoy unimos todas las oraciones del Reino. Declaro que toda oración que es hecha conforme a tu palabra, tu corazón, y tus pensamientos, en este momento se une y llega al trono de tu gracia. Padre, te doy gracias porque Tú envías respuestas inmediatas desde los Cielos.

"[19] Otra vez os digo que si dos de vosotros se ponen de acuerdo en la tierra acerca de cualquier cosa que pidan, les será hecho por mi Padre que está en los cielos".
Mateo 18:19

....

....

....

....

Padre, ayúdanos a ser buenos administradores de los dones y misterios que has depositado en nosotros. Espíritu Santo de Dios, dame la gracia para ser hallada fiel en todo lo que el Padre me ha confiado.

"[1] Por tanto, que los hombres nos consideren como servidores de Cristo y administradores de los misterios de Dios. [2] Ahora bien, lo que se requiere de los administradores es que cada uno sea hallado fiel.
1 Corintios 4:1, 2

"[42] Dijo el Señor: —¿Quién es el mayordomo fiel y prudente al cual su señor pondrá sobre su casa para que a tiempo les dé su ración?".
Lucas 12:42

Abre mi camino, Señor; agranda mis pasos, ensancha mi territorio, haz seguro mi camino, no permitas que mis pies resbalen, y dame la victoria frente a toda circunstancia que me plantea la vida.

"[36] Ensanchaste mis pasos debajo de mí
Y mis pies no han resbalado".
Salmos 18:36

Señor, lléname con tu amor ágape, que es incondicional, que arranca toda mentira, perversión y engaño del corazón humano. Jehová, llena mi corazón con tu amor, que es el único que echa fuera todo temor, hasta ser perfeccionados conforme a Ti.

"[9] Engañoso es el corazón más que todas las cosas, y perverso; ¿quién lo conocerá?"
Jeremías 17:9

"[18] En el amor no hay temor, sino que el perfecto amor echa fuera el temor, porque el temor lleva en sí castigo. De donde el que teme, no ha sido perfeccionado en el amor".
1 Juan 4:18

Señor, necesito tu presencia; sin tu amor ágape no soy nada. Ten misericordia de mis fallas y crea en mí un corazón nuevo; no te alejes de mí, Señor; no apartes tu Santo Espíritu de mi vida.

"[10] ¡Crea en mí, oh Dios, un corazón limpio, y renueva un espíritu recto dentro de mí! [11] No me eches de delante de ti y no quites de mí tu santo espíritu.
Salmos 51:10, 11

Señor, en este día te pido que pases carbón encendido en mi boca para hablar sólo lo que Tú hablas. Pon guarda en mis labios, que vigile con celo santo cada palabra que digo. Señor, declaro en tu nombre, que los dichos de mi boca restauran al caído, sanan al enfermo y bendicen a todos los que me escuchan.

"[6] Y voló hacia mí uno de los serafines, teniendo en su mano un carbón encendido, tomado del altar con unas tenazas; [7] y tocando con él sobre mi boca, dijo: He aquí que esto tocó tus labios, y es quitada tu culpa, y limpio tu pecado".
Isaías 6:6, 7

Ayúdame, Señor, a levantar tu obra con materiales nobles; con oro, plata y piedras preciosas, para que cuando la prueba de fuego venga no sea consumida, sino que mi trabajo sea calificado y comprobado valioso.

"[13] Su obra se mostrará tal cual es, pues el día del juicio la dejará al descubierto. El fuego la dará a conocer, y pondrá a prueba la calidad del trabajo de cada uno".
1 Corintios 3:13 (NVI)

....

....

....

....

Me pongo toda la armadura de Dios y me fortalezco en su gran poder. Declaro que ninguna artimaña del enemigo me puede tocar y que en el día malo puedo resistir con firmeza hasta el final. Ahora, expongo a la luz del Espíritu Santo toda mentira del diablo y todo ataque del enemigo. Declaro que éstos son desarticulados, destruidos, derribados y anulados, por el poder del nombre de Jesús, de Su palabra y de Su preciosa sangre.

"[10] Por último, fortalézcanse con el gran poder del Señor. [11] Pónganse toda la armadura de Dios para que puedan hacer frente a las artimañas del diablo".
Efesios 6:10, 11 (NVI)

Jehová es mi escudo, mi refugio, mi fortaleza y mi pronto auxilio. Él escuchó la voz de mis ruegos, descendió y me defendió. De las manos de mis enemigos fui librada; por eso me gozo y lo alabo por siempre.

"[7] Jehová es mi fortaleza y mi escudo; en él confió mi corazón y fui ayudado...".
Salmos 28:7

....

....

....

....

Señor, yo hablo ahora sobre los huesos secos de mi llamado espiritual. Ordeno, en tu nombre, que todo plan de Dios que yo haya dejado morir, ¡hoy vuelve a vivir! Envío el aliento de vida de Dios a mi llamado espiritual y éste cobra vida de nuevo. Señor, profetizo conforme a tu Palabra: "¡Espíritu, ven de los cuatro vientos y sopla sobre estos huesos muertos, y vivirán!".

"[4] Me dijo entonces: –Profetiza sobre estos huesos, y diles: "¡Huesos secos, oíd palabra de Jehová! [5] Así ha dicho Jehová, el Señor, a estos huesos: Yo hago entrar espíritu en vosotros, y viviréis".
Ezequiel 37:4, 5 (NVI)

Entréname, Señor, para la guerra y hazme fuerte para la batalla. Espíritu Santo de Dios, enséñame a caminar la milla extra; dame vigor para ir contigo.

"[1] ¡Bendito sea Jehová, mi roca, quien adiestra mis manos para la batalla y mis dedos para la guerra!".
Salmos 144:1

"[41]...a cualquiera que te obligue a llevar carga por una milla, ve con él dos".
Mateo 5:41

Me alineo, Señor, en este día a las palabras de tu boca. Recibo tu autoridad para arrancar, destruir, arruinar y derribar todo plan del maligno y toda asignación del enemigo en contra mía y de tu pueblo.

"[9] Extendió Jehová su mano y tocó mi boca, y me dijo Jehová: –He puesto mis palabras en tu boca. [10] Mira que te he puesto en este día sobre naciones y sobre reinos, para arrancar y destruir, para arruinar y derribar, para edificar y plantar".
Jeremías 1:9, 10

Activo el resplandor de la gloria de Dios sobre mi vida. Declaro que donde quiera que voy, la gente atiende el llamado al arrepentimiento y a la salvación, que hago en tu nombre. El resplandor de la gloria de Dios en mí, trae al perdido a los pies de Jesús.

"[3] Andarán las naciones a tu luz y los reyes al resplandor de tu amanecer. [4] Alza tus ojos alrededor y mira: todos estos se han juntado, vienen hacia ti. Tus hijos vendrán de lejos y a tus hijas las traerán en brazos".
Isaías 60:3, 4

Señor, en tu nombre, declaro, que más grande es el que vive en mí, que es Cristo Jesús, que cualquier circunstancia que el mundo quiera presentarme. Si tengo al Señor conmigo, nada ni nadie puede venir contra mí.

"[4] Ustedes, queridos hijos, son de Dios y han vencido a esos falsos profetas, porque el que está en ustedes es más poderoso que el que está en el mundo".
1 Juan 4:4 (NVI)

"[31] ¿Qué, pues, diremos a esto? Si Dios es por nosotros, ¿quién contra nosotros?".
Romanos 8:31

Declaro que hoy es el día que Jehová aplastará a Satanás, lo someterá y lo pondrá bajo las plantas de nuestros pies. Hoy es el día que Jehová nos llena de Su gracia y favor para destruir toda obra de maldad, donde quiera que vayamos.

"...[20] Y el Dios de paz aplastará muy pronto a Satanás bajo vuestros pies. La gracia de nuestro Señor Jesucristo sea con vosotros".
Romanos 16:20

....

....

....

....

Declaro, Señor, que soy muralla impenetrable; el enemigo no puede penetrar mi vida. Me declaro ciudad fortificada, muro de bronce; tengo dominio sobre todas las circunstancias, porque mi Padre Celestial, Jesús de Nazaret, y el Espíritu Santo, me pusieron en la tierra para señorear, sojuzgar y ejercer dominio sobre todo aquello que está a mi alrededor.

"18 Porque he aquí que yo te he puesto en este día como ciudad fortificada, como columna de hierro, y como muro de bronce contra toda esta tierra, contra los reyes de Judá, sus príncipes, sus sacerdotes, y el pueblo de la tierra".
Jeremías 1:18

La sangre de Cristo habla por mí y me salva. La sangre de Cristo libera mi mente, mi consciente, mi subconsciente; limpia cada uno de mis pensamientos, mi imaginación, mi cuerpo, mi alma y mi espíritu.

"22 Vosotros, en cambio, os habéis acercado... 24 a Jesús, Mediador del nuevo pacto, y a la sangre rociada que habla mejor que la de Abel".
Hebreos 12:22, 24

Este pasaje me hizo libre

Clavamos nuestro viejo hombre, nuestra mente carnal y nuestra naturaleza terrenal, en la cruz del Calvario. Declaro, con el poder y la autoridad que Cristo me da, que Jesús está entronado en todo lo que hacemos.

"20 Con Cristo estoy juntamente crucificado, y ya no vivo yo, mas vive Cristo en mí; y lo que ahora vivo en la carne, lo vivo en la fe del Hijo de Dios, el cual me amó y se entregó a sí mismo por mí".
Gálatas 2:20

"7 La mentalidad pecaminosa es enemiga de Dios, pues no se somete a la ley de Dios, ni es capaz de hacerlo".
Romanos 8:7 (NVI)

Declaro, que no me adapto a la corriente del mundo, sino que por el contrario, mi entendimiento se renueva día a día, hasta que empiezo a comprobar la perfecta voluntad de Dios.

"2 No os conforméis a este mundo, sino transformaos por medio de la renovación de vuestro entendimiento, para que comprobéis cuál es la buena voluntad de Dios, agradable y perfecta".
Romanos 12:2

....

....

....

....

Declaro, que se va toda demanda diabólica, que desaparece toda opresión, toda vejez prematura, todo estrés que doblega nuestras espaldas. Declaro que toda oración de hechicería lanzada sobre nuestras espaldas es quitada, es echada fuera; y que sólo llevamos la carga que Jesús nos da, que es fácil y ligera de tomar.

"29 Llevad mi yugo sobre vosotros y aprended de mí, que soy manso y humilde de corazón, y hallaréis descanso para vuestras almas, 30 porque mi yugo es fácil y ligera mi carga".
Mateo 11:29, 30

Declaro ahora mismo, que toda maldición generacional sobre mi vida es cancelada; cancelo también, toda palabra de maldición que otros se atrevieron a enviarme. En el nombre poderoso de Jesús, declaro que, ¡ninguna maldición puede operar en mí!

"13 Cristo nos redimió de la maldición de la Ley haciéndose maldición por nosotros (pues está escrito: «Maldito todo el que es colgado en un madero»)".
Gálatas 3:13

....

....

....

....

En el nombre poderoso de Jesús, ato todo espíritu de angustia y preocupación. Declaro que nuestra fe está fundada en el Señor; y sé que Él hará mucho más por nosotros, que somos sus hijos, que lo que hace por las aves del cielo.

"[25] Por eso les digo: No se preocupen por su vida, qué comerán o beberán; ni por su cuerpo, cómo se vestirán. ¿No tiene la vida más valor que la comida, y el cuerpo más que la ropa? [26] Fíjense en las aves del cielo: no siembran ni cosechan ni almacenan en graneros; sin embargo, el Padre celestial las alimenta. ¿No valen ustedes mucho más que ellas?".

Mateo 6:25, 26 (NVI)

¡Aléjate de mí, Satanás! Yo sé que mayor es el que está en mí, que es Jesús de Nazaret, que aquel que está en el mundo. Por eso, declaro que los pensamientos mundanos de Satanás no me harán tropezar, porque mi mirada está fija en las cosas de Dios.

"[23] ...¡Aléjate de mí, Satanás! Quieres hacerme tropezar; no piensas en las cosas de Dios sino en las de los hombres".

Mateo 16:23 (NVI)

Declaro, Señor, que Tú despliegas toda tu fuerza y tu poder, sobre mis enemigos. ¡Oh Dios omnipotente! Tú nos has redimido por medio de la sangre del Cordero sin mancha.

"[10] Ellos, pues, son tus siervos y tu pueblo, los cuales redimiste con tu gran poder y con tu mano poderosa".
Nehemías 1:10

Te pido, oh Dios, que me des amor, sabiduría, y poder para hacer todo lo que has puesto delante de mí; en mi matrimonio, en mis hijos, en el ministerio y en las naciones.

"[10] Yo te pido sabiduría y conocimiento para gobernar a este gran pueblo tuyo; de lo contrario, ¿quién podrá gobernarlo?".
2 Crónicas 1:10 (NVI)

Ato todo espíritu de acusación sobre mi vida y me declaro libre, en el nombre de Jesús, porque el Señor ha borrado todas mis rebeliones y no se acuerda más de mi pecado.

"[25] Yo, yo soy quien borro tus rebeliones por amor de mí mismo, y no me acordaré de tus pecados".
Isaías 43:25

Capítulo 3

ORACIONES POR LOS
HIJOS Y LA FAMILIA

Oraciones por los Hijos y la Familia

He escuchado con frecuencia a los padres quejarse de sus hijos y a los hijos quejarse de sus padres. Las razones son diversas; sin embargo, he logrado descubrir una constante, y es la falta de comunicación en el hogar. Padres que poco hablan entre sí, hijos que no hablan con sus padres; pero sobre todo, familias que no hablan con Dios. Hoy hago un llamado a los padres para que oren por sus hijos. No basta con saber que a nuestros hijos no les falta alimento ni vestido; ellos necesitan nuestras oraciones. Aun cuando pensemos que no son los mejores hijos, aun si están descarriados, no nos atrevamos a calificarlos ni a rechazarlos. Abramos nuestro corazón para conocer sus inquietudes, problemas, sueños y anhelos. Los papás deben estar conscientes que sus hijos están siendo atacados en las escuelas, en su grupo de amigos y hasta por la televisión. Los mensajes que reciben los incitan a actuar mal y es tiempo de parar eso; pensemos cómo ayudarlos para que no se unan a la corriente del mundo. ¡Levantemos un altar de oración por nuestros hijos!

Cubro a mis hijos con la sangre del Cordero. Declaro, en este día, que mis hijos están protegidos por el pacto de la sangre de Jesús. Declaro que son protegidos en todos sus caminos; que la justicia de Dios va delante de ellos, y la gloria de Jehová es su retaguardia. Le prohíbo al enemigo que los acose con temor, miedo o angustia. Todo hombre o mujer que se acerque a ellos, tiene que sentir temor reverente a Jehová. Declaro que mis hijos son pastoreados por Jehová; que Él es quien sacia su alma en las sequías y da vigor a sus huesos. Declaro que mis hijos son como huerto de riego, y como manantial, cuyas aguas nunca faltan.

"11 Jehová te pastoreará siempre, y en las sequías saciará tu alma, y dará vigor a tus huesos; y serás como huerto de riego, y como manantial de aguas, cuyas aguas nunca faltan".
Isaías 58:11

Señor, arranco de mis hijos todo aquello que no fue plantado por Ti; arranco toda mala influencia en las escuelas, todo consejo de falsa sabiduría; arranco las malas amistades y las malas compañías; arranco también, del ambiente de ellos, todo árbol que no da fruto.

"[13] —Toda planta que mi Padre celestial no haya plantado será arrancada de raíz...".
Mateo 15:13

En el nombre poderoso de Jesús de Nazaret, declaro protegidas las familias, las finanzas, la paz, el gozo y la tranquilidad de todos nuestros hijos. Señor, conforme a tu Palabra, pido tu gracia para someternos a Dios y resistir al diablo; entonces, al enemigo no le quedará más opción, que huir.

"[7] Someteos, pues, a Dios; resistid al diablo, y huirá de vosotros".
Santiago 4:7

"... [27] Ni deis lugar al diablo".
Efesios 4:27

....

....

....

....

Declaro que nuestros hijos y cada miembro de nuestra familia permanece guardado en el hueco de la mano de Dios. Declaro que ningún arma forjada contra nuestros niños y jóvenes puede prosperar, porque en Ti ¡oh Jehová! he confiado y no seré avergonzada.

"[17] Ninguna arma forjada contra ti prosperará... Esta es la herencia de los siervos de Jehová...".
Isaías 54:17

Declaro que todos nuestros hijos llegarán a cumplir el propósito que Tú, Señor, tienes predestinado para sus vidas, según el designio de tu voluntad. Declaro que tenemos herencia porque fuimos adoptados hijos por medio de Jesucristo, conforme al plan que el Padre ya tenía establecido.

"[10] Pues somos hechura suya, creados en Cristo Jesús para buenas obras, las cuales Dios preparó de antemano para que anduviéramos en ellas".
Efesios 2:10

....

....

....

....

Declaro que todos los hijos que habían permanecido perdidos, alejados de tu luz y viviendo en las tinieblas, hoy retornan a sus casas.

"[32] Pero era necesario hacer fiesta y regocijarnos, porque este tu hermano estaba muerto y ha revivido; se había perdido y ha sido hallado".
Lucas 15:32

Declaro, Señor, que nuestros hijos habitan al abrigo del Altísimo; que bajo tus alas están seguros; que Tú levantas poderoso escudo alrededor de ellos. Declaro, que ellos no temen al terror nocturno ni nada malo los puede tocar. Declaro que nadie que en Ti confía será avergonzado; por el contrario, serán confundidos los que se rebelan contra Ti.

"[1] El que habita al abrigo del Altísimo morará bajo la sombra del Omnipotente".
Salmos 91:1

"[4] Con sus plumas te cubrirá y debajo de sus alas estarás seguro; escudo y protección es su verdad. [5] No temerás al terror nocturno ni a la saeta que vuele de día, [6] ni a la pestilencia que ande en la oscuridad... [7] Caerán a tu lado mil y diez mil a tu diestra; mas a ti no llegarán".
Salmos 91:4-7

....

....

....

....

Declaro que nuestros niños, desde temprana edad, odian lo que Dios odia y aman lo que Dios ama. Declaro, Señor, que ellos caminan victoriosos en nombre de la verdad, la humildad y la justicia.

"[20] Si alguien afirma: «Yo amo a Dios», pero odia a su hermano, es un mentiroso; pues el que no ama a su hermano, a quien ha visto, no puede amar a Dios, a quien no ha visto".
1 Juan 4:20

"[7] Tú amas la justicia y odias la maldad; por eso Dios te escogió a ti y no a tus compañeros, ¡tu Dios te ungió con perfume de alegría!".
Salmos 45:7

Declaro, Señor, que mis hijos son bendecidos dondequiera que van. Declaro que todo lo que se quiera levantar en su contra, por un camino vendrá, pero por siete caminos tiene que huir y será destruido.

"[6] Bendito serás en tu entrar y bendito en tu salir. [7] Jehová derrotará a los enemigos que se levanten contra ti; por un camino saldrán contra ti y por siete caminos huirán de ti".
Deuteronomio 28:6, 7

....

....

....

....

Declaro, Señor, que mis hijos no temerán mal alguno porque Tú estarás con ellos y los guardarás todos los días de su vida. Declaro que Tú les infundes aliento; que preparas mesa delante de ellos, en presencia de cualquier persona o situación que pretenda angustiarlos.

"[4] Aunque ande en valle de sombra de muerte, no temeré mal alguno, porque tú estarás conmigo; tu vara y tu cayado me infundirán aliento. [5] Aderezas mesa delante de mí en presencia de mis angustiadores...".
Salmos 23:4, 5

Declaro, Señor, que ni a mis hijos ni a mi familia ni a mí, nada nos podrá separar de tu inmenso amor.

"[38] Por lo cual estoy seguro de que ni la muerte ni la vida, ni ángeles ni principados ni potestades, ni lo presente ni lo por venir, [39] ni lo alto ni lo profundo, ni ninguna otra cosa creada nos podrá separar del amor de Dios, que es en Cristo Jesús, Señor nuestro".
Romanos 8:38, 39

....

....

....

....

Declaro que Jehová ha enviado Su ángel para que nos guarde y nos defienda. Declaro que este ángel acampa alrededor de mis hijos, de mi matrimonio, de mi casa y mis finanzas, porque todo se lo he rendido a Él, y sé que los que buscan a Jehová no carecen de ningún bien.

"[7] El ángel de Jehová acampa alrededor de los que lo temen y los defiende".
Salmos 34:7

"[21] Y Jehová envió un ángel, el cual destruyó a todo valiente y esforzado, y a los jefes y capitanes en el campamento del rey de Asiria".
2 Crónicas 32:21

Ato, Señor, en tu nombre, toda mentira de Satanás y todo espíritu mundano. Declaro que mi familia y yo, sólo al Señor adoraremos y únicamente a Él serviremos.

"[8] Otra vez lo llevó el diablo a un monte muy alto y le mostró todos los reinos del mundo y la gloria de ellos, [9] y le dijo: –Todo esto te daré, si postrado me adoras. [10] Entonces Jesús le dijo: –Vete, Satanás, porque escrito está: 'Al Señor tu Dios adorarás y sólo a él servirás'".
Mateo 4:8-10

....

....

....

....

Declaro, Señor, que nuestros jóvenes no se desviarán de tu camino, porque tus mandamientos, Jehová, están entronados en sus corazones.

"[9]¿Con qué limpiará el joven su camino? ¡Con guardar tu palabra! [10] Con todo mi corazón te he buscado; no me dejes desviar de tus mandamientos. [11] En mi corazón he guardado tus dichos, para no pecar contra ti".
Salmos 119:9-11

Declaro que Jehová guardará la entrada y la salida de nuestros hijos, desde hoy y para siempre.

"[8] Jehová guardará tu salida y tu entrada desde ahora y para siempre".
Salmos 121:8

Declaro, en el nombre de Jesús, que nuestros hijos no se conformarán a este siglo; por el contrario, confiarán en Ti Señor, y levantarán alas como las águilas.

"[31]más los que esperan en Jehová tendrán nuevas fuerzas, levantarán alas como las águilas, correrán y no se cansarán, caminarán y no se fatigarán.
Isaías 40:31

Declaro, Señor, que el socorro de esta generación viene de lo alto y no de las drogas ni del alcohol ni de amigo alguno.

"[1]Alzaré mis ojos a los montes. ¿De dónde vendrá mi socorro? [2] Mi socorro viene de Jehová, que hizo los cielos y la tierra".
Salmos 121:1, 2

Señor, derrama tu gracia sobre todas las familias de la Tierra. Señor, que tu gracia sobreabunde donde hasta ahora sólo abundaba el pecado.

"[20]La Ley, pues, se introdujo para que el pecado abundara; pero cuando el pecado abundó, sobreabundó la gracia".
Romanos 5:20

Declaro, Señor, que nuestros hijos un día testificarán y podrán decir a otras generaciones: "jóvenes fuimos, y en toda nuestra vida nunca vimos un justo que quedara desamparado, porque la mano de Jehová siempre le proveyó".

"[25]Joven fui y he envejecido, y no he visto justo desamparado ni a su descendencia que mendigue pan".
Salmos 37:25

....

....

....

....

Declaro, Señor, que todo joven que hasta hoy había permanecido muerto y atado espiritualmente; todo joven que hasta hoy vivía en lugares de cautividad, en tinieblas, seducido, acosado, atormentado, debilitado y esclavizado por los demonios, ¡recibe ahora mismo liberación! En el nombre poderoso de Jesús de Nazaret, les ordeno: ¡Jóvenes, sean libres, ahora! ¡Los desato, los libero y los envío a cumplir el propósito de Dios para sus vidas!

"44 Y el que había muerto salió, atadas las manos y los pies con vendas, y el rostro envuelto en un sudario. Jesús les dijo: 'Desatadlo y dejadlo ir'".
Juan 11:44

Señor, en tu nombre, ato, reprendo y echo fuera todo espíritu de rechazo y de independencia en nuestros hijos. Declaro sobre ellos unidad y restauración; declaro que Jehová hace que el corazón de los padres vuelva hacia sus hijos y que el corazón de los hijos vuelva hacia sus padres.

"6 Él hará volver el corazón de los padres hacia los hijos, y el corazón de los hijos hacia los padres...".
Malaquías 4:6

....

....

....

....

Desato, Señor, el espíritu de profecía sobre nuestros hijos e hijas. Ordeno, en el nombre de Jesús, que sus ojos son abiertos para ver visiones celestiales. ¡Señor, derrama tu espíritu sobre ellos!

"[28] Después de esto derramaré mi espíritu sobre todo ser humano, y profetizarán vuestros hijos y vuestras hijas; vuestros ancianos soñarán sueños, y vuestros jóvenes verán visiones".
Joel 2:28

"[11] Y levanté profetas entre vuestros hijos y nazareos entre vuestros jóvenes. ¿No es esto cierto, hijos de Israel?, dice Jehová".
Amós 2:11

Señor, en tu nombre, hoy enciendo una lámpara a los pies de mis hijos. Ninguna sombra de pecado, enfermedad o muerte puede venir sobre ellos. Declaro que sus pasos siempre serán guiados por la luz de tu Palabra.

"[105] Tu palabra es una lámpara a mis pies; es una luz en mi sendero".
Salmos 119:105 (NVI)

....

....

....

....

Declaro, Señor, que ahora mismo, levantamos el escudo de la fe, con el cual podemos apagar todo dardo de fuego del enemigo, que intente llegar a nosotros en forma de crisis familiar, divorcios, peleas, engaños y abusos contra tus hijos.

"16 Sobre todo, tomad el escudo de la fe, con que podáis apagar todos los dardos de fuego del maligno".
Efesios 6:16

Capítulo 4

Oraciones por el Sacerdocio

Alguien escribió que cuando las mujeres oran los cielos se abren y que cuando los hombres oran el infierno tiembla. Esta es una gran verdad. Sin embargo, levantar a los sacerdotes en nuestra casa, en la iglesia y en la sociedad, es un llamado especial para las mujeres. Ya sea que usted se desempeñe como pastora, mujer de negocios, madre, hija o esposa, éste es un mandato bíblico. En Génesis, Dios le asigna a la mujer la misión de ser la ayuda idónea de su marido. Por tanto, la mujer está llamada a mantener una relación íntima con Dios, a fin de presentar oraciones y ruegos por el sacerdote de su casa. Debemos orar conforme a la Palabra, pidiéndole a Dios que se acuerde de los pactos sacerdotales. Sólo así podremos ver una verdadera reforma, ya que si el hombre ocupa el lugar de sacerdote que le corresponde, nuestra familia y la nación serán transformadas por el poder de Dios. En el Antiguo Testamento, los sacerdotes debían ministrar a Dios y presentarle sacrificios, ofrendas y oraciones por las tribus de Israel; por eso, cada sacerdote llevaba sobre su pecho 12 piedras preciosas como símbolo de que, después de Dios, estaba su familia. ¡Hermanas, únanse a mí! ¡Levantemos en oración el sacerdocio de nuestros esposos e hijos!

Señor, en tu nombre, declaro sobre nuestro sacerdocio el mismo espíritu de guerra y denuedo que estaba sobre David. Hombres valientes, entrenados en espíritu, alma y cuerpo, para ir a la guerra. Así, cuando el enemigo quiera atacar, ellos se levantarán y dirán: "¿quién eres tú para tocar mi familia, mis finanzas, mi casa o mi herencia?". Hombres que, en el nombre de Jesús, derroten a cualquier gigante que se les enfrente.

"[26] David preguntó a los que estaban con él: — ¿Qué dicen que le darán a quien mate a ese filisteo y salve así el honor de Israel? ¿Quién se cree este filisteo pagano, que se atreve a desafiar al ejército del Dios viviente?
[45] David le contestó: —Tú vienes contra mí con espada, lanza y jabalina, pero yo vengo a ti en el nombre del Señor Todopoderoso, el Dios de los ejércitos de Israel, a los que has desafiado".
1 Samuel 17:26, 45 (NVI)

Declaro sobre el sacerdocio de esta casa, pensamientos de verdad; declaro pensamientos honestos, justos, puros, amables y de buen nombre.

"8 Por lo demás, hermanos, todo lo que es verdadero, todo lo honesto, todo lo justo, todo lo puro, todo lo amable, todo lo que es de buen nombre; si hay virtud alguna, si algo digno de alabanza, en esto pensad".
Filipenses 4:8

Señor, declaro que todo lo que está desalineado en el sacerdocio, hoy se alinea conforme a tu voluntad divina y conforme a los decretos de tu palabra.

"5 Todo valle se rellenará y se bajará todo monte y collado; los caminos torcidos serán enderezados, y los caminos ásperos allanados".
Lucas 3:5

Declaro que los hombres no caminan en confusión, sino que están enfocados en su llamado y tienen la mente de Cristo.

"16 ¿Quién ha conocido la mente del Señor para que pueda instruirlo? Nosotros, por nuestra parte, tenemos la mente de Cristo".
1 Corintios 2:16 (NVI)

....

....

....

....

Declaro que nuestros sacerdotes están sentados en el lugar correcto. Declaro que Cristo Jesús los hizo sentar en lugares celestiales, a fin de mostrar su bondad para con nosotros.

"[6] Juntamente con él nos resucitó, y así mismo nos hizo sentar en los lugares celestiales con Cristo Jesús".
Efesios 2:6

Diablo, te acuso delante del Padre Celestial, porque viniste a través del espíritu de Leviatán a perturbar el sacerdocio. Te acuso por provocar el ego del hombre, por inquietar, agredir y asaltar a nuestros sacerdotes. Por eso, te reprendo diablo, te aplasto la cabeza y declaro tu derrota.

"[1] En aquel día el Señor castigará a Leviatán, la serpiente huidiza, a Leviatán, la serpiente tortuosa. Con su espada violenta, grande y poderosa, matará al Dragón que está en el mar".
Isaías 27:1

"[14] Tú aplastaste las cabezas de Leviatán y lo diste por comida a las jaurías del desierto".
Salmos 74:14

Declaro que los hombres de nuestra casa son temerosos de la ley de Dios; que su sacerdocio produce una descendencia poderosa y justa, con legado de bendición para sus hijos.

"[2] Su descendencia será poderosa en la tierra; la generación de los rectos será bendita. [3] Bienes y riquezas hay en su casa, y su justicia permanece para siempre".
Salmos 112: 2, 3

Declaro que todo doble ánimo en el cuerpo de Cristo se va; lo declaro ilegal. Ahora, desato estabilidad y constancia espiritual en la iglesia de Cristo.

"[7] No piense... que recibirá cosa alguna del Señor, [8] ya que es persona de doble ánimo e inconstante...".
Santiago 1:7, 8

Señor, desato sobre el sacerdocio, una sed sobrenatural por tu presencia; una sed que sólo Tú puedes saciar. Declaro que se levantan y vienen delante de Ti.

"[1] Como el ciervo brama por las corrientes de las aguas, así clama por ti, Dios, el alma mía. [2] Mi alma tiene sed de Dios, del Dios vivo. ¿Cuándo vendré y me presentaré delante de Dios?".
Salmos 42:1, 2

Señor, yo sé que en medio del desierto Tú levantas columna de nube y columna de fuego; que iluminas y proteges el camino de los hombres de nuestra casa. Señor, yo sé que Tú nunca te apartas de ellos y que los guías por el camino que les tienes predestinado.

"[21] Jehová iba delante de ellos, de día en una columna de nube para guiarlos por el camino, y de noche en una columna de fuego para alumbrarlos, a fin de que anduvieran de día y de noche".
Éxodo 13:21

Señor, declaro libertad sobre cada sacerdote que Tú has consagrado a tu servicio. No serán esclavos del mundo, del pecado, del diablo, ni del hombre. Son siervos de tu justicia, apartados para tu uso exclusivo; son hombres que cosechan la santidad y la vida eterna.

"[18] En efecto, habiendo sido liberados del pecado, ahora son ustedes esclavos de la justicia. [22] Pero ahora que han sido liberados del pecado y se han puesto al servicio de Dios, cosechan la santidad que conduce a la vida eterna.
Romanos 6:18, 22

Cubro, Señor, los ojos del sacerdocio de tu iglesia con la sangre de Cristo Jesús. Declaro que sus ojos son tuyos; y que tu luz resplandece a través de ellos. Señor, desato entendimiento sobre la vida de cada sacerdote, para que puedan reconocer que sus cuerpos son el templo de tu Santo Espíritu.

"34 La lámpara del cuerpo es el ojo. Cuando tu ojo es bueno, también todo tu cuerpo está lleno de luz; pero cuando tu ojo es maligno, también tu cuerpo está en tinieblas".

Lucas 11:34

"16 ¿Acaso no sabéis que sois templo de Dios y que el Espíritu de Dios está en vosotros?".

1 Corintios 3:16

Señor, pongo demanda de santidad sobre nuestro sacerdocio. Y ahora, con la autoridad que Dios me ha delegado, activo el llamado hacia la santidad que Jesús ha puesto sobre sus vidas, declarando que así como Jesús es santo, ellos también lo serán, en toda su manera de vivir.

"16 ...Sed santos, porque yo soy santo".

1 Pedro 1:16

Declaro que todo el sacerdocio en la iglesia de Cristo siente el mismo hambre que Isaías sentía por estar en la presencia de Dios. Declaro que mientras el Espíritu more en ellos, de madrugada te buscarán y te hallarán.

"9 Con mi alma te he deseado en la noche y, en tanto que me dure el espíritu... madrugaré a buscarte...".
Isaías 26:9

Señor, planta árboles de justicia en cada hogar cristiano, planta sacerdotes que establezcan y cumplan tus mandamientos en sus familias, y que traigan gloria a tu nombre.

"3 ...Serán llamados "Árboles de justicia", "Plantío de Jehová", para gloria suya".
Isaías 61:3

Señor, en tu nombre, llevamos al hombre viejo a la cruz del Calvario. Yo declaro, Jesús, que toda pasión y deseo de la carne, en nuestro sacerdocio, está crucificado.

"24 ...Pero los que son de Cristo han crucificado la carne con sus pasiones y deseos".
Gálatas 5:24

Señor, en tu nombre, levanto un sacerdocio que te adora en espíritu y verdad; que te exalta desde lo más profundo de su corazón. Declaro, Señor, un sacerdocio libre de religiosidad, que no vive de apariencias, que no se enfoca en cumplir normas de hombre, sino que cumple los mandatos de Dios y permanece agarrado a tu corazón.

"[13] ...Porque este pueblo se acerca a mí con su boca y con sus labios me honra, pero su corazón está lejos de mí y su temor de mí no es más que un mandamiento de hombres que les ha sido enseñado".

Isaías 29:13

Señor, levantamos en nuestra familia, en la iglesia y en nuestra comunidad, hombres conforme a tu corazón. Declaro que son príncipes que gobiernan sabiamente. Declaro, Señor, que son sacerdotes que guardan los mandamientos de tu palabra.

"[14] Pero ahora tu reino no será duradero. Jehová se ha buscado un hombre conforme a su corazón, al cual ha designado para que sea príncipe sobre su pueblo, por cuanto tú no has guardado lo que Jehová te mandó".

1 Samuel 13:14

....

....

....

....

Señor, desata sobre el sacerdocio sabiduría y discernimiento, tal como se lo diste a Salomón, hijo de David. Ayúdalos a gobernar con justicia y apego a tus mandamientos. Señor, yo declaro, en el nombre de Jesús, que ellos son la cabeza que establece el orden divino en todo lo que Tú les das.

"9 Yo te ruego que le des a tu siervo discernimiento para gobernar a tu pueblo y para distinguir entre el bien y el mal. De lo contrario, ¿quién podrá gobernar a este gran pueblo tuyo?".
1 Reyes 3:9 (NVI)

Señor, en tu nombre, levantamos entre nuestros sacerdotes, un ejército que pelea con persistencia y aguante, tal como lo hicieron Gedeón y sus hombres. Declaramos que éstos son hombres con tenacidad y valentía para cruzar al otro lado de cualquier prueba que se les presente.

"4 Llegó Gedeón al Jordán y lo pasaron él y los trescientos hombres que traía consigo, cansados, pero todavía persiguiendo a los de Madián".
Jueces 8:4

....

....

....

....

Declaro, Jehová, que el sacerdocio que Tú levantas en esta generación será como el de Aarón y sus hijos. Todos serán sacerdotes consagrados y ungidos para servirte. Señor, Tú los consagrarás y serán llamados nación santa.

"[30]Ungirás también a Aarón y a sus hijos, y los consagrarás para que sean mis sacerdotes".
Éxodo 30:30

Capítulo 5

ORACIONES POR LAS MUJERES

Oraciones por las Mujeres

Con frecuencia me encuentro con mujeres de toda edad y condición, que debido a los problemas que vivieron siendo pequeñas, cuando llegan a adultas enfrentan conflictos en el matrimonio o en otras áreas de su vida. Esto causa traumas y dolores internos. Los más frecuentes son los problemas emocionales, como la falta de perdón, la frustración y la soledad; también los problemas mentales, como la confusión y la turbación; pero están además los problemas familiares que llevan al divorcio. Por tanto, es de extrema urgencia que la mujer reciba sanidad interior y liberación, para que pueda levantarse y cumplir el propósito de Dios en la Tierra. El apóstol Pablo estaba consciente de esto cuando escribió en el primer capítulo de Filipenses, "porque sé que por vuestra oración y la suministración del Espíritu de Jesucristo, esto resultará en mi liberación". Lo que Pablo dice aquí, es que cuando oramos le damos libertad al Espíritu de Dios para que intervenga en la vida de las personas, produciendo la restauración de todo lo que necesitan. Es tiempo que tomemos las armas que Dios nos ha dado, y empecemos a decretar la palabra de Dios bajo la guía del Espíritu Santo. ¡Mujer, levántate! ¡Dios quiere liberarte hoy!

Declaro, Señor, que se levantan en el cuerpo de Cristo, mujeres virtuosas que no le temen a ninguna circunstancia adversa que quiera venir contra ellas. Mujeres que, aún cuando fueron abandonadas con sus hijos, ¡resisten! Mujeres que en medio de la soledad, ¡protegen! Mujeres que en medio de la inclemencia ¡cubren! Mujeres que se ríen del futuro porque saben que lo mejor está por venir; son mujeres que caminan seguras, doblemente revestidas con la fuerza que Tú les das.

"[21] No tiene temor de la nieve por su familia, porque toda su familia está vestida de ropas dobles. [25] Fuerza y honor son su vestidura; y se ríe de lo por venir".
Proverbios 31:21, 25

Señor, declaro que Tú levantas mujeres profetas, jueces y gobernantes de ciudades, estados y países; mujeres decididas y valientes, aptas para dirigir a tu pueblo a grandes victorias.

"[4] Gobernaba en aquel tiempo a Israel una mujer, Débora, profetisa [5]... y los hijos de Israel acudían a ella en busca de justicia. [9] Ella dijo: –Iré contigo; pero no será tuya la gloria de la jornada que emprendes, porque en manos de mujer entregará Jehová a Sísara".
Jueces 4:4, 5, 9

Declaro, Señor, que la iglesia levanta discípulas de Débora, que clavan sus estacas sobre todo plan del enemigo que intente venir contra ellas, sus familias, sus naciones, sus iglesias y sus llamados. Son mujeres fuertes, valerosas, inteligentes y listas para defender el fruto de sus vientres.

"[21] Pero Jael, esposa de Héber, tomó una estaca de la carpa y un martillo, y con todo sigilo se acercó a Sísara, quien agotado por el cansancio dormía profundamente. Entonces ella le clavó la estaca en la sien y se la atravesó, hasta clavarla en la tierra. Así murió Sísara".
Jueces 4:21 (NVI)

....

....

....

....

Señor, en tu nombre, levanto profetas y mujeres apóstoles, equipadas con poder y autoridad, para destruir toda obra de maldad, capaces de romperle la cabeza al diablo.

"[15] Pondré enemistad entre tú y la mujer, y entre tu simiente y la de ella; su simiente te aplastará la cabeza, pero tú le morderás el talón...".
Génesis 3:15

Declaro, Señor, en tu nombre, que aunque el mundo pretenda debilitar a tus hijos, Tú fortaleces a sus mujeres. Declaro, Señor, que el pueblo de Dios jamás perecerá porque Tú multiplicas y proteges el fruto del vientre de sus mujeres y traes prosperidad a sus familias.

"[18] Entonces el rey de Egipto hizo llamar a las parteras, y les dijo: ... ¿Por que habéis preservado la vida a los niños? [19] Las parteras respondieron al faraón: – Porque las mujeres hebreas no son como las egipcias; son robustas y dan a luz antes que llegue la partera. [20]Dios favoreció a las parteras; el pueblo se multiplicó y se fortaleció mucho".
Éxodo 1:18-20

....

....

....

....

Declaro, Señor, en el nombre de Jesús, que Tú levantas entre tu pueblo, mujeres que te aman y te sirven. Declaro que Tú las bendices con salud y a causa de su servicio no habrá esterilidad en ningún área de sus vidas y el fruto de su vientre será bendito.

"[25] Pero serviréis a Jehová, vuestro Dios, y él bendecirá tu pan y tus aguas Yo apartaré de ti toda enfermedad. [26] En tu tierra no habrá mujer que aborte ni que sea estéril...".
Éxodo 23:25, 26

Señor, en tu nombre, maldigo todo espíritu de esterilidad sobre las mujeres de tu pueblo. Declaro, Señor, que Tú depositas en su vientre semilla de bendición y concebirán y darán a luz hijos que te servirán con amor.

"[3] A esta mujer se le apareció el ángel de Jehová y le dijo: «Tú eres estéril y nunca has tenido hijos, pero concebirás y darás a luz un hijo".
Jueces 13:3

....

....

....

....

Declaro, Señor, en tu nombre, que se levantan en el mundo, mujeres inteligentes, bellas, decididas y capaces de ayunar y orar hasta lograr que tu voluntad sea hecha sobre la Tierra. Declaro, Señor, que son mujeres con propósito y llamado definido; mujeres que buscan agradarte a Ti, sin importarles si arriesgan sus propias vidas.

"[15] Entonces Ester dijo que respondieran a Mardoqueo:
[16] 'Ve y reúne a todos los judíos que se hallan en Susa, ayunad por mí y no comáis ni bebáis durante tres días y tres noches. También yo y mis doncellas ayunaremos, y entonces entraré a ver al rey, aunque no sea conforme a la ley; y si perezco, que perezca'".

Ester 4:15, 16

Capítulo 6

ORACIONES POR LOS MATRIMONIOS

Oraciones por los Matrimonios

En el mundo de hoy es tan fácil casarse y divorciarse al día siguiente, sólo porque algo no nos gustó. Hay una ola de divorcios pasando en nuestra sociedad, que resulta imperativo que busquemos la ayuda de Dios. La familia como institución, se encuentra en la sala de emergencia y el diagnóstico es grave. Dios es el único que la puede salvar de esta terrible plaga que azota nuestro siglo y daña no sólo a la pareja, sino a niños, jóvenes, ancianos y viudas. El apóstol Pablo, en 1 Corintios 7, dice: "A los que están unidos en matrimonio, mando, no yo, sino el Señor, que la mujer no se separe del marido... y que el marido no abandone a su mujer". Si tu familia está bien, ora para que nada malo le sobrevenga. Si estás enfrentando dificultades en tu matrimonio, ora sin cesar; Dios es el único que nos da la victoria, el único que nos libra de toda adversidad. Si este libro está en tus manos es porque Dios te está llamando a orar por tu matrimonio; para ser alguien que levanta vallado por su casa y los hogares del pueblo de Dios; alguien que repara la brecha, conforme a lo establecido en Ezequiel 22:30. ¡Levántate y ora por tu matrimonio! ¡Dios quiere entrar en tu casa de una manera poderosa!

Declaro, Señor, que los matrimonios cristianos son un cordón de tres dobleces cuando Cristo está en medio de ellos. Son uno solo, tal como el Padre, el Hijo y el Espíritu Santo son uno. Mi Dios, son uno; son tres en uno: el esposo, la esposa y Tú Jesús; son tres contigo. Desato en esta hora, Señor, la unción, el poder, la fuerza y la resistencia del cordón de tres dobleces sobre todos los matrimonios de tu pueblo.

"[12] Uno solo puede ser vencido, pero dos pueden resistir. ¡La cuerda de tres hilos (cordón de tres dobleces) no se rompe fácilmente!".
Eclesiastés 4:12 NVI (énfasis agregado)

Señor, declaro matrimonios con estructura de acero; matrimonios que no se rompen ni por los problemas de la vida, ni por los desacuerdos. Declaro, Señor, matrimonios irrompibles, hechos para resistir todas las pruebas del mundo.

"[10] Pero a los que están unidos en matrimonio, mando, no yo, sino el Señor: Que la mujer no se separe del marido; [11] ...y que el marido no abandone a su mujer".
1 Corintios 7:10, 11

Declaro, Señor, que no hay plan del enemigo que pueda venir contra los matrimonios. En el nombre de Jesús de Nazaret, destruyo todo espíritu de división y contienda, y establezco la unidad, tal como está escrito en la palabra de Dios.

"... [8] y los dos serán una sola carne;
así que no son ya más dos, sino uno. [9] Por tanto,
lo que Dios juntó, no lo separe el hombre".
Marcos 10: 8, 9

....

....

....

....

Declaro que la unidad del Padre, del Hijo y del Espíritu Santo está sobre los matrimonios; y que éstos se hacen uno.

"[4] ...un solo cuerpo y un solo Espíritu...".
Efesios 4:4

"[10] ¿Acaso no tenemos todos un mismo Padre? ¿No nos ha creado un mismo Dios? ¿Por qué, pues, somos desleales los unos con los otros, profanando el pacto de nuestros padres?".
Malaquías 2:10

Declaro, Señor, que cualquier veneno de serpiente que intente contaminar los hogares de los hijos de Dios es eliminado ahora mismo. Declaro que contra todo veneno de separación existe un poderoso antídoto, que es la sangre de Cristo. Declaro que toda serpiente de división en los matrimonios, es quemada viva por el fuego de Jehová.

"[5] Pero él, sacudiendo la víbora en el fuego, ningún daño padeció".
Hechos 28:5

....

....

....

....

Declaro, Señor, que vivimos conforme a tu Palabra y no buscamos la vanagloria del mundo. Declaro que vivimos y andamos por el espíritu; y que el fruto del Espíritu llena nuestra vida matrimonial.

"[22] Pero el fruto del Espíritu es amor, gozo, paz, paciencia, benignidad, bondad, fe, [23] mansedumbre, dominio propio; contra tales cosas no hay ley".
Gálatas 5:22, 23

Declaro, Señor, que todo esposo es cabeza de su casa y que toda esposa es la ayuda idónea; los hombros que sostienen la cabeza. Señor, declaro que así Tú nos creaste y éste es el orden bíblico que debe prevalecer en cada matrimonio que te ama. Jesús es cabeza de la iglesia, de la misma forma que el marido es cabeza de su mujer.

"[22] Esposas, sométanse a sus propios esposos como al Señor. [23] Porque el esposo es cabeza de su esposa, así como Cristo es cabeza y salvador de la iglesia, la cual es su cuerpo".
Efesios 5:22, 23 (NVI)

....

....

....

....

Como matrimonio, mi esposo y yo hoy nos levantamos a una sola voz y juntos declaramos: "Señor, nosotros estamos disponibles; iremos donde Tú nos envíes".

"[8] Después oí la voz del Señor, que decía:
– ¿A quién enviaré y quién irá por nosotros?
Entonces respondí yo: –Heme aquí, envíame a mí".
Isaías 6:8

Declaro, Señor, respeto mutuo entre esposo y esposa; y que el amor común perdura en cada matrimonio.

"[33] Por lo demás, cada uno de vosotros ame también
a su mujer como a sí mismo;
y la mujer respete a su marido".
Efesios 5:33

Capítulo 7

Oraciones por la Iglesia

Este es un llamado a la iglesia de Cristo. Es un llamado a las pastoras y pastores que aman al Señor y quieren hacer Su voluntad. Durante los muchos viajes que he hecho a las naciones para predicar la palabra de Dios, he podido percibir que cuando los líderes se levantan para cuidar de su pueblo a través de la oración y la intercesión, tal como lo hicieron Abraham y Moisés, quienes se pusieron a favor del pueblo delante de Dios, son muchos los ataques violentos que el enemigo lanza contra ellos. Lo digo porque lo he vivido, lo vivo y lo sigo viviendo. Por eso hermanos, hoy los exhorto a que no se den por vencidos, a pesar de la persecución, los problemas y las circunstancias. Renueven sus fuerzas y sigan orando e intercediendo por sus iglesias; no desmayen, porque ésta es la única manera de lograr que Dios intervenga, fortalezca y mantenga a Su iglesia en pie de lucha. Dios nos ha dado poder y autoridad para hollar serpientes y escorpiones. ¡Sigamos orando, sigamos intercediendo! Pasemos juntos de un nivel de oración y adoración a un nivel de guerra espiritual, que destruya toda obra de maldad y limpie los aires, para que el espíritu de Dios muestre todo su poder sobrenatural.

Declaro que antorchas de fuego se levantan alrededor de la iglesia, y nada malo la puede penetrar. Ningún demonio, ninguna meditación trascendental puede venir contra la iglesia de Cristo. Declaro, en el nombre de Jesús, que todo espíritu de división, de enfriamiento y de desviación, se pudre ahora mismo. Declaro que eso no entra aquí en la iglesia; todo espía y todo aliado del enemigo lo llevamos cautivo a la obediencia a Cristo Jesús.

"...[5] derribando argumentos y toda altivez que se levanta contra el conocimiento de Dios, y llevando cautivo todo pensamiento a la obediencia a Cristo".
2 Corintios 10:5

Declaro en el nombre de Jesús de Nazaret, que muros de fuego se mantienen ardiendo alrededor de esta iglesia; que tus muros de fuego rodean la Visión que Tú le has dado. ¡Declaro que nadie, nadie, nadie, puede arremeter contra esta iglesia!

"5 Yo seré para ella, dice Jehová, un muro de fuego a su alrededor, y en medio de ella mostraré mi gloria".
Zacarías 2:5

"18...y sobre esta piedra edificaré mi iglesia, y las puertas del reino de la muerte no prevalecerán contra ella".
Mateo 16:18 (NVI)

Declaro que tus siervos nunca más volverán a mirar atrás, porque decidieron poner su mano en el arado.

"62 Jesús le respondió: —Nadie que mire atrás después de poner la mano en el arado es apto para el reino de Dios".
Lucas 9:62 (NVI)

....

....

....

....

Aplastamos toda serpiente que se quiera levantar contra la iglesia. Arrollamos, desbaratamos y anulamos, en este mismo momento, en el nombre de Jesús, toda fuerza infernal que quiera venir contra tu iglesia. Declaramos que Tú nos das la victoria y que hemos ganado el territorio que ocupamos.

"[19] Os doy potestad de pisotear serpientes y escorpiones, y sobre toda fuerza del enemigo, y nada os dañará".
Lucas 10:19

En el nombre de Jesús, declaro que el pueblo comerá del fruto de la vida, no de la muerte. También declaro, Señor, que ellos tendrán abundante vida, salud y sanidad divina, así como abundantes riquezas, y que ellos serán canales de vida y bendición para otros.

"[20] Cada uno se llena con lo que dice y se sacia con lo que habla. [21] En la lengua hay poder de vida y muerte; quienes la aman comerán de su fruto".
Proverbios 18: 20, 21 (NVI)

Declaro que el ministerio va de gloria en gloria y de victoria en victoria, por obra del Espíritu Santo.

"[18]...somos transformados de gloria en gloria en su misma imagen, por la acción del Espíritu del Señor".
2 Corintios 3:18

Declaro, Señor, que Tú envías saetas de fuego que hacen retroceder al enemigo; levanto muros de fuego alrededor de los intercesores. Activo a todos los intercesores para la batalla, y todo faraón y su ejército se ahogan en lo profundo del mar, porque Jehová abre el Mar Rojo a favor de su pueblo, a favor de Su iglesia e iglesias de cobertura. Veo como las saetas de Jehová rodean todas las iglesias de cobertura y las defienden.

"[5] Yo seré para ella, dice Jehová, muro de fuego en derredor, y para gloria estaré en medio de ella".
Zacarías 2:5

"[14] Y tronó desde los cielos Jehová, y el Altísimo dio su voz; [15] Envió sus saetas, y los dispersó; Y lanzó relámpagos, y los destruyó".
2 Samuel 22:14, 15

Declaro Señor que esta iglesia es un árbol que nunca se secará y nunca dejará de dar fruto, porque el agua que la alimenta proviene de los Cielos.

"[8] Será como un árbol plantado junto al agua, que extiende sus raíces hacia la corriente; no teme que llegue el calor, y sus hojas están siempre verdes. En época de sequía no se angustia, y nunca deja de dar fruto".
Jeremías 17:8 (NVI)

Capítulo 8

Oraciones por las Finanzas

El propósito de Dios, desde el principio de la creación, fue que al hombre no le hiciera falta ningún bien. De hecho, lo puso a vivir en el Edén, que era un lugar donde inagotablemente fluía la provisión de Dios y donde el hombre mantenía una perfecta comunión con Él. Sin embargo, el pecado y la desobediencia del primer hombre causaron que la miseria llegara a nuestras vidas y arruinara nuestras finanzas. Hoy es triste ver como la gente se ocupa en oír las noticias que provienen de la bolsa de valores, los indicadores económicos y las encuestas, pero no han afinado sus oídos para oír la voz de Dios. La Biblia abunda en ejemplos de hombres que fueron prosperados por Dios debido a sus diezmos y ofrendas; tal es el caso de Abel, Abraham, Isaac y Jacob. Si en el Antiguo Testamento, Dios consideró la ofrenda como algo valioso, también lo es en el Nuevo Testamento. En el nuevo pacto, Jesús cargó nuestra pobreza para que nosotros pudiéramos recibir todas las bendiciones. Si diezmas y ofrendas con alegría, si eres buen mayordomo de tu casa y tu negocio, y si oras creyéndole a Dios, ciertamente Él se levantará y te bendecirá; pero además, te devolverá multiplicado todo lo que el enemigo te quitó. Yo creo en las promesas de Dios. ¡Atrévete a creer conmigo!

¡*Escucha* espíritu de mamón!, tú que traes deudas al pueblo de Dios, hoy ¡te ato en el nombre de Jesús de Nazaret! Corto tus tentáculos que atrapan a la gente en compras indebidas y emocionales. Espíritu de mamón, ¡no nos vas a decir qué tenemos que hacer con nuestro dinero! Declaro que somos libres de deudas, declaro deudas canceladas, declaro salud en las finanzas del pueblo de Dios. Declaro que el dinero nos sirve, pero no nos esclaviza.

"[24] Ninguno puede servir a dos señores, porque odiará al uno y amará al otro, o estimará al uno y menospreciará al otro. No podéis servir a Dios y a las riquezas".
Mateo 6:24

Declaro que mis finanzas y las del pueblo de Dios están aseguradas, sin importar lo que opinen los "expertos" en economía. Declaro que esto se cumple porque fielmente traigo mis diezmos y ofrendas ante el altar. Declaro que las ventanas de los cielos siempre están abiertas y hay sobreabundancia en mi casa, en mi familia y en mi país.

"[10] Traed todos los diezmos al alfolí y haya alimento en mi Casa: Probadme ahora en esto, dice Jehová de los ejércitos, a ver si no os abro las ventanas de los cielos y derramo sobre vosotros bendición hasta que sobreabunde".
Malaquías 3:10

Declaro prosperidad sobre mi vida y sobre la vida de cada miembro de mi familia, a causa de mi obediencia.

"[2] Y vendrán sobre ti y te alcanzarán todas estas bendiciones, si escuchas la voz de Jehová, tu Dios. [4]Bendito el fruto de tu vientre, el fruto de tu tierra, el fruto de tus bestias, la cría de tus vacas y los rebaños de tus ovejas.
Deuteronomio 28:2, 4

....

....

....

....

Declaro que Jesús se hizo pobre, para que yo fuera enriquecido.

"[9] Ya conocéis la gracia de nuestro Señor Jesucristo, que por amor a vosotros se hizo pobre siendo rico, para que vosotros con su pobreza fuerais enriquecidos".
2 Corintios 8:9

Declaro bendiciones sobreabundantes, suministros ilimitados y que mi alacena rebosa, porque honro al Señor con mis finanzas. Profetizo que el dinero de los impíos pasa a manos de los justos, ahora mismo, en el nombre poderoso de Jesús.

"[9] Honra a Jehová con tus bienes y con las primicias de todos tus frutos; [10] entonces tus graneros estarán colmados con abundancia y tus lagares rebosarán de mosto".
Proverbios 3:9,10

"[22] La herencia del bueno alcanzará a los hijos de sus hijos, pero la riqueza del pecador está guardada para el justo".
Proverbios 13:22

....

....

....

....

Declaro que así como el Señor multiplicó los panes y los peces, y alimentó a cinco mil hombres, sin contar las mujeres y los niños; asimismo, la multiplicación de nuestras finanzas será evidente en nuestros hogares y nunca, ¡nunca! estaremos en necesidad.

"[41] Entonces tomó los cinco panes y los dos peces y, levantando los ojos al cielo, bendijo, y partió los panes y dio a sus discípulos para que los pusieran delante; también repartió los dos peces entre todos. [42]Comieron todos y se saciaron. [43] Y recogieron, de los pedazos y de lo que sobró de los peces, doce cestas llenas. [44] Los que comieron eran cinco mil hombres".
Marcos 6:41-44

Declaro que la harina en mi tinaja no se acabará, ni el aceite en mi vasija se reducirá. Que siempre habrá alimento en mi alacena y nadie en mi familia sufrirá de hambre.

"[14] Porque Jehová, Dios de Israel, ha dicho así: 'La harina de la tinaja no escaseará, ni el aceite de la vasija disminuirá, hasta el día en que Jehová haga llover sobre la faz de la tierra'".
1 Reyes 17:14

....

....

....

....

Espíritu Santo, declaro que sin tu ayuda, no podré iniciar ningún negocio nuevo o hacer buenas inversiones. Declaro que Tú eres quien me llena de sabiduría, conocimiento y discernimiento para saber que transacciones iniciar y cuáles terminar. Me someto a tu guía y dirección y declaro que cada empresa que comience será enteramente guiada por Ti.

"[2] y reposará sobre él el espíritu de Jehová: espíritu de sabiduría y de inteligencia, espíritu de consejo y de poder, espíritu de conocimiento y de temor de Jehová".
Isaías 11:2

Declaro que Jehová reprende al devorador de nuestras finanzas. ¡Él pelea por nosotros! Las naciones sabrán que somos bienaventurados, porque estamos llamados a ser tierra deseable, fértil, favorecida y bendecida, en la cual todo lo que es plantado e invertido prosperará.

"[11] Reprenderé también por vosotros al devorador, y no os destruirá el fruto de la tierra, ni vuestra vid en el campo será estéril... [12] Todas las naciones os dirán bienaventurados, porque seréis tierra deseable, dice Jehová de los ejércitos".
Malaquías 3:11, 12

Señor, me alineo a tus altos pensamientos y caminos. Declaro, en el nombre de Jesús, que los planes de prosperidad, de bienestar y de esperanza que tienes para mí, se cumplirán por completo.

"9 Como son más altos los cielos que la tierra, así son mis caminos más altos que vuestros caminos y mis pensamientos más que vuestros pensamientos".
Isaías 55:9

"11 Porque yo sé muy bien los planes que tengo para ustedes —afirma el Señor—, planes de bienestar y no de calamidad, a fin de darles un futuro y una esperanza".
Jeremías 29:11 (NVI)

Señor, en tu nombre, hoy levanto mi mano sobre todo mar de problemas, crisis, circunstancias y dificultades que se presenten en mi vida. Declaro, Señor, que nuevos caminos se abren para poseer las promesas y la herencia que Tú, Jehová, tienes para mí.

"16 Y tú, alza tu vara, extiende tu mano sobre el mar y divídelo, para que los hijos de Israel pasen por medio del mar en seco".
Éxodo 14:16

....

....

....

....

Capítulo 9

ORACIONES POR
EL GOBIERNO

Oraciones por el Gobierno

Las condiciones en que se encuentra nuestra sociedad hoy en día es una clara señal de la falta que hace orar por nuestros gobernantes. Corrupción, malos manejos, hipocresía, infidelidad, falta de valores, falsedad, incumplimiento de promesas, abuso de poder, manipulación, entre otros, son adjetivos que diariamente convergen en el mundo político de éste y todos los países. Las crisis personales que viven los gobernantes de las naciones, afectan a millones de seres humanos sobre la faz de la tierra. Sin embargo, hoy Dios pone una demanda sobre nosotros, para que tomemos la responsabilidad que nos corresponde. Es hora que nos paremos en oración por nuestros países y pidamos que el propósito de Dios para cada uno se lleve a cabo. Es hora que pidamos un mejor liderazgo para nuestras naciones. Es hora de tocar el corazón de Dios para que Él levante hombres y mujeres comprometidos con su Palabra y sus principios, que rijan los destinos de Su pueblo. Nuestras oraciones pueden mover a Dios a influenciar los corazones de los gobernantes, para que tomen decisiones justas y produzcan comunidades que vivan en paz. Sólo así dejarán un legado a las próximas generaciones.

Declaro, Señor, en tu nombre, que todo espíritu inmundo que se mueve en las altas esferas de la Corte Suprema de Justicia de esta nación, queda paralizado, lo ato, lo reprendo y lo echo fuera. Padre, en tu nombre, voy contra el hombre fuerte que se mueve en los círculos de influencia política. Ato todo espíritu diabólico de ilegalidad y compromiso partidista que perjudica las decisiones gubernamentales; ato todo interés personal que quiera estar por encima de los intereses legítimos del país; ato toda parcialidad de grupo y todo espíritu maligno que ha sido enviado a oprimir, retrasar y confundir las decisiones del Presidente de la República, del Congreso, de los gobernadores, alcaldes y todo otro funcionario que trabaja para servir a tu pueblo.

"19 Y a ti te daré las llaves del reino de los cielos: todo lo que ates en la tierra será atado en los cielos, y todo lo que desates en la tierra será desatado en los cielos".
Mateo 16:19

Declaro, que el juicio de Jehová está sobre el comunismo. Esa doctrina política no penetrará ni pudrirá nuestro país (______). Señor, declaro, que tu Reino y tu Gobierno llega a Sudamérica, Centroamérica, África, China, India, Europa, el Medio Oriente y a todo país en el mundo, hasta lo último de la Tierra. Declaro que tu Reino aplasta al enemigo, y el torbellino de Dios hace perecer a los malvados en su propia maldad.

"[19] El huracán del Señor se ha desatado con furor; un torbellino se cierne amenazante sobre la cabeza de los malvados".
Jeremías 23:19 (NVI)

Declaro, Señor, que cada uno de los presidentes de las naciones del mundo, es levantado hoy en oración, por nosotros y por su propio pueblo. Desato sobre ellos el temor de Dios. Declaro, Señor, que Tú los inquietas y los llevas a caminar y gobernar, no de acuerdo a esquemas y protocolos humanos, sino conforme a tu sabiduría divina.

"[7] El principio de la sabiduría es el temor de Jehová...".
Proverbios 1:7

....

....

....

....

Declaro, Señor, la paz que sobrepasa todo entendimiento, sobre cada uno de los políticos y gobernantes que Tú has puesto en lugares de preeminencia delante de su pueblo. Decreto, Señor, que tanto ellos como nosotros vivimos quietos y reposadamente, en paz y armonía.

"[1] Exhorto ante todo, a que se hagan rogativas, oraciones, peticiones y acciones de gracias por todos los hombres, [2] por los reyes y por todos los que tienen autoridad, para que vivamos quieta y reposadamente en toda piedad y honestidad. [3] Esto es bueno y agradable delante de Dios...".
1 Timoteo 2:1-3

Declaro que todo poder y autoridad me ha sido dado para atar la lengua que maldice a Miami, al estado de la Florida, a los Estados Unidos de América, así como a mi país (________). Ato toda potestad de las tinieblas y la boca de quien intente maldecir al presidente de este país o a los gobernantes de mi nación.

"[17]...y tú condenarás toda lengua que se levante contra ti en el juicio...".
Isaías 54:17

....

....

....

....

Declaro, Señor, que todo corazón de piedra, en los gobiernos de las naciones, en la ONU, en la OEA, en la OTAN y en cualquier otra organización intergubernamental, hoy es mudado en un corazón de carne, conforme a tu Palabra.

"[26] Les daré un nuevo corazón, y les infundiré un espíritu nuevo; les quitaré ese corazón de piedra que ahora tienen, y les pondré un corazón de carne".
Ezequiel 36:26 (NVI)

Declaro que todo lo que el Presidente de Estados Unidos toca es prosperado; que él es la cabeza y no la cola; que siempre está por encima, nunca por debajo; y que todo terreno que pisan las plantas de sus pies es poseído para tu Reino.

"[13] Te pondrá Jehová por cabeza y no por cola; estarás encima solamente, nunca debajo, si obedeces los mandamientos de Jehová, tu Dios, que yo te ordeno hoy; si los guardas y cumples".
Deuteronomio 28:13

"[3] Yo os he entregado, tal como lo dije a Moisés, todos los lugares que pisen las plantas de vuestros pies".
Josué 1:3

....

....

....

....

Declaro que los presidentes de todas las naciones de la Tierra son gente de bien. Declaro tu Reino y el cumplimiento de tu voluntad sobre sus vidas; y que Tú les das gracia y favor para hacer tu voluntad, aquí en la Tierra.

"[10] Venga tu Reino. Hágase tu voluntad, como en el cielo, así también en la tierra".
Mateo 6:10

Capítulo 10

ORACIONES PARA
GANAR ALMAS

Oraciones para Ganar Almas

La razón número uno por la cual Jesucristo, el hijo de Dios, se hizo hombre y vino a la tierra a pagar tan alto precio en la cruz, fue por la salvación de las almas. Aquellos que tenemos a Cristo en nuestro corazón tenemos la obligación de orar para que el evangelio sea predicado en todas las naciones de la Tierra. Ora a Dios para que Su buena voluntad sea hecha en este tiempo; ora por la abundancia de Su misericordia, por la verdad que nos trae Su salvación. Tú tienes un pacto con Dios que aparece en Hechos 16:31 y dice: "Cree en el Señor Jesucristo, y serás salvo tú y tu casa". Querido(a) amigo(a), si te has apartado de los caminos de Dios, ésta es tu oportunidad. Repite conmigo: "Padre Celestial, yo reconozco que soy un pecador y que mi pecado me separa de ti. Creo que Jesús murió por mí en la cruz y que Dios Padre lo resucitó de entre los muertos. Me arrepiento de todos mis pecados y voluntariamente confieso a Jesús como mi Señor y Salvador. Renuncio a todo pacto con el mundo, con la carne y con el diablo, y hago un pacto contigo Jesús. Amado Señor, te pido que entres a mi corazón y cambies mi vida. Si hoy muriera, al abrir mis ojos, sé que estaré en tus brazos". Amén.

Declaro, Señor, que la iglesia de Cristo se levanta en el mundo; en todos los continentes, en todos los países, en todas las ciudades; al norte, sur, este y oeste. Señor, tú llamas a todos tus hijos, para que vayan a los campos y recojan la mies que ya está lista; la cosecha está madura. Es tiempo de correr a ganar almas; es tiempo de avivar el evangelismo. En tu nombre, Señor, pongo demanda para que los obreros se levanten y cumplan la tarea que Tú nos has encomendado.

"[35] ¿No dicen ustedes: 'Todavía faltan cuatro meses para la cosecha'? Yo les digo: ¡Abran los ojos y miren los campos sembrados! Ya la cosecha está madura".
Juan 4:35 (NVI)

....

....

....

....

Declaro que la voz de la iglesia de Cristo llega a las almas perdidas, en todos los rincones de la tierra y remueve toda venda que ciega su entendimiento; declaro que la voz de la iglesia de Cristo penetra, cambia su mentalidad y les revela que el único camino de salvación se llama Jesús de Nazaret.

"[4]...entre los incrédulos, a quienes el dios de este mundo les cegó el entendimiento, para que no les resplandezca la luz del evangelio de la gloria de Cristo, el cual es la imagen de Dios".
2 Corintios 4:4

Declaro que toda alma que estaba perdida, hoy dobla sus rodillas ante el único Dios verdadero y su lengua confiesa que el único Señor y Salvador de sus vidas es Cristo Jesús.

"... [10] para que en el nombre de Jesús se doble toda rodilla de los que están en los cielos, en la tierra y debajo de la tierra; [11] y toda lengua confiese que Jesucristo es el Señor, para gloria de Dios Padre".
Filipenses 2:10, 11

....

....

....

....

Declaro que la palabra de Dios se predica en todos los rincones del mundo, como comprobación de que la segunda venida del Señor está próxima.

"[14] Y será predicado este evangelio del reino en todo el mundo, para testimonio a todas las naciones, y entonces vendrá el fin".
Mateo 24:14

"[15] Y les dijo: Id por todo el mundo y predicad el evangelio a toda criatura".
Marcos 16:15

"[9]...Si alguno os predica diferente evangelio del que habéis recibido, sea anatema".
Gálatas 1:9

Declaro, Señor, que Tú nos das atrevimiento y denuedo para avanzar el reino de Dios y tomar las almas con violencia.

"[12] Desde los días de Juan el Bautista hasta ahora, el reino de los cielos sufre violencia, y los violentos lo arrebatan".
Mateo 11:12

....

....

....

....

Declaro, Señor, que Tú te levantas y buscas tus ovejas, Tú recoges, Señor, tu rebaño y lo rescatas de entre los lugares oscuros donde se encuentra esparcido.

"[11]Porque así ha dicho Jehová, el Señor: Yo, yo mismo, iré a buscar a mis ovejas, y las reconoceré. [12] Como reconoce su rebaño el pastor el día que está en medio de sus ovejas esparcidas, así reconoceré yo a mis ovejas y las libraré de todos los lugares en que fueron esparcidas el día del nublado y de la oscuridad.
Ezequiel 34:11, 12

Declaro que el pueblo que predica el evangelio de Jesús camina con la frente en alto, y Tú Señor nos das la victoria, salvando almas. Tú, Señor, no permitirás que seamos avergonzados.

"[37] Antes, en todas estas cosas somos más que vencedores por medio de aquel que nos amó".
Romanos 8:37

"[11] La Escritura dice: 'Todo aquel que en él cree, no será defraudado'".
Romanos 10:11

....

....

....

....

Declaro que por cada vida que el diablo arrebató a esta casa, por cada muerte que el enemigo ocasionó, cientos de almas entrarán al reino de Dios. Yo declaro que esas vidas son arrancadas de las garras del enemigo. ¡Jehová las libra de las garras del diablo!

"[21] Te libraré del poder de los malvados; ¡te rescataré de las garras de los violentos!".
Jeremías 15:21 (NVI)

"[21] Romperé asimismo vuestros velos mágicos y libraré a mi pueblo de vuestra mano, y no estarán más como presa en vuestra mano. Y sabréis que yo soy Jehová".
Ezequiel 13:21

Declaro que el ángel de Jehová recorre todas las naciones de la Tierra, agitando las aguas, para salvar, sanar y liberar; no sólo a una, sino a todas las almas que aún caminan perdidas.

"...[4] porque un ángel descendía de tiempo en tiempo al estanque y agitaba el agua; el que primero descendía al estanque después del movimiento del agua quedaba sano de cualquier enfermedad que tuviera".
Juan 5:4

Declaro que Tú no nos has dado un espíritu de temor sino de poder, de amor y de dominio propio; por lo tanto, cada vez que nuestra boca se abra, será para dar testimonio de lo que Tú has hecho en nuestras vidas y para predicar con denuedo tu Palabra.

"[7] Porque no nos ha dado Dios espíritu de cobardía, sino de poder, de amor y de dominio propio".
2 Timoteo 1:7

Declaro que cuando tiremos las redes, al norte, sur, este, y oeste, éstas rebosarán de almas decididas a entrar al reino de Dios, porque Jesús ya dio la orden.

"[6] Él les dijo: –Echad la red a la derecha de la barca y hallaréis. Entonces la echaron, y ya no la podían sacar, por la gran cantidad de peces".
Juan 21:6

....

....

....

....

....

....

Capítulo 11

Oraciones contra el espíritu de Jezabel

Oraciones Contra el Espíritu de Jezabel

La iglesia de Cristo alrededor del mundo no se ha dado cuenta por completo de la fuerte influencia que ejerce sobre ella el espíritu de Jezabel. La Biblia nos habla de Jezabel en los libros de Reyes y en Apocalipsis; y a través del profeta Elías nos alerta acerca de esta fuerte influencia demoníaca. Aunque el espíritu de Jezabel, históricamente ha estado ligado a las mujeres, a la hora de atacar no discrimina sexo. Es un espíritu que incita, reta y seduce para hacer lo malo delante de Dios y las autoridades que Él ha establecido en la Tierra. Su meta principal es trastornar el orden, derrocar la autoridad y provocar la maldad. Este espíritu se infiltra para desobedecer la autoridad en la iglesia, en la familia y en las naciones. Jezabel es un espíritu que usa la seducción, la fornicación y la idolatría para manipular y controlar. Dios te desafía hoy para que de continuo renuncies a toda forma de influencia "jezabélica" y te mantengas alerta para cuidar a tus autoridades espirituales, a través de la intercesión profética. ¡Únete y ora conmigo! ¡Juntos destronemos a Jezabel!

Me pongo la armadura de Dios. Tomo la coraza de justicia, el yelmo de la salvación, la espada del espíritu, el escudo de la fe, me ciño con el cinturón de la verdad y me calzo con el apresto del evangelio de la paz. Me sumerjo en la sangre de Cristo y sumerjo a nuestros hijos, nuestra familia, nuestra casa y ninguna plaga puede tocarnos. No tocará a la iglesia ni a nuestros hermanos en la fe; no tocará a las iglesias hijas ni a las de cobertura. ¡Jezabel, te prohíbo tocarlos! Paralizo tus artimañas y decreto que, ¡nada malo que quiera venir contra nosotros podrá prosperar!

"[11] Vestíos de toda la armadura de Dios, para que podáis estar firmes contra las asechanzas del diablo".
Efesios 6:11

Declaro que así como Jesús secó la higuera, así se seca toda obra del diablo, toda asignación del infierno, todo trabajo de los satánicos y de los profetas del diablo. Declaro que se seca cada palabra de maldición lanzada contra un hijo de Dios.

"[19] Viendo una higuera cerca del camino, se acercó, pero no halló nada en ella, sino hojas solamente, y le dijo: '¡Nunca jamás nazca de ti fruto!'. Y al instante la higuera se secó".
Mateo 21:19

Mi espíritu te adora, Señor. Yo declaro en este día, con el poder y la autoridad que Tú me has dado, que somos la justicia de Dios aquí en la tierra; y la justicia de Dios acaba con la injusticia del mundo.

"[18] ...porque no elevamos nuestros ruegos ante ti confiados en nuestras justicias, sino en tus muchas misericordias".
Daniel 9:18

"[21] Al que no conoció pecado, por nosotros lo hizo pecado, para que nosotros fuésemos hechos justicia de Dios en él".
2 Corintios 5:21

....

....

....

....

¡Jezabel, serpiente inmunda! ¡Ato tus palabras y ordeno que te quedes muda! ¡Te condeno a vivir arrastrada! ¡Estás en el piso y allí permanecerás! ¡Tu boca se llenará de polvo y callarás por la eternidad!

"[14]...maldita serás entre todas las bestias... Sobre tu vientre te arrastrarás y polvo comerás todos los días de tu vida".
Génesis 3:14

Señor, en tu nombre, arranco todo árbol de maldad plantado por Satanás; declaro que todo espíritu diabólico es atado, confundido, enmudecido y perece, ¡ahora mismo! Levanto a los intercesores; levanto la cobertura del Ministerio Internacional El Rey Jesús. Tomamos autoridad sobre el primer cielo y el segundo cielo. Tomamos autoridad sobre los aires; atamos potestades, principados y gobernadores de las tinieblas. En tu nombre, Señor, destruimos toda hueste de maldad alojada en las regiones celestes.

"[12]...no tenemos lucha contra sangre y carne, sino contra principados, contra potestades, contra los gobernadores de las tinieblas de este siglo, contra huestes espirituales de maldad en las regiones celestes".
Efesios 6:12

Ato y reprendo a Jezabel y todos sus planes diabólicos. Decreto confusión en el campo del enemigo, decreto confusión sobre el espíritu de manipulación y control, decreto confusión sobre el espíritu del anticristo.

"[20]En seguida Saúl reunió a su ejército, y todos juntos se lanzaron a la batalla. Era tal la confusión entre los filisteos, que se mataban unos a otros".
1 Samuel 14:20 (NVI)

Así como Elías declaró ante los profetas de Baal que el único Dios verdadero haría caer fuego del Cielo, yo también declaro, con la autoridad que Dios me ha delegado, que el fuego de Jehová cae para consumir todo altar de idolatría que se levante en la Tierra.

"[38] Entonces cayó fuego de Jehová y consumió el holocausto, la leña, las piedras y el polvo, y hasta lamió el agua que estaba en la zanja. [39] Viéndolo todo el pueblo, se postraron y dijeron: ¡Jehová es el Dios, Jehová es el Dios!".
1 Reyes 18:38, 39

....

....

....

....

Decreto contra Jezabel, que lamerá el polvo de la Tierra ¡Te comerán los perros, Jezabel! Atamos tu hechicería y echamos fuera todo espíritu de manipulación que quieras traer contra el pueblo de Dios. ¡Se pudre todo ocultismo! Jesús de Nazaret ya te aplastó y te sigue aplastando. Se pudre el control mental, el encantamiento, la magia, la seducción y la brujería. Jehová da la victoria a su pueblo, en el nombre de Jesús.

"10 Y a Jezabel la comerán los perros en el campo de Jezreel, y no habrá quien la sepulte...".
2 Reyes 9:10

"...37 y el cuerpo de Jezabel será como estiércol sobre la faz de la tierra en la heredad de Jezreel, de manera que nadie pueda decir: Esta es Jezabel".
2 Reyes 9:37

Señor, por el poder de tu nombre, de tu sangre y de tu palabra, sea cancelada y confundida toda mente y todo espíritu que no te alabe; todo espíritu rebelde sea llevado a lugares de cautividad.

"24 ...el Señor miró al ejército egipcio desde la columna de fuego y de nube, y sembró la confusión entre ellos".
Éxodo 14:24 (NVI)

Capítulo 12

ORACIONES POR LAS NACIONES

Oraciones por las Naciones

Cuando Dios creó la Tierra lo hizo con un propósito específico; y éste era bueno, agradable y perfecto. Sin embargo, el pecado de los primeros hombres que conformaron la raza humana, la rebeldía, la corrupción y el afán de querer vivir independientes de Dios, han dado como consecuencia que recojamos una cosecha de odio, división, envidia, enemistad, enfermedad, dolor y muerte. El hombre ha levantado fronteras no sólo entre pueblos y naciones, sino que le ha cerrado violentamente las puertas a Dios en las escuelas y hasta en los hogares. Es por eso que el Espíritu Santo, dentro de nosotros, gime cada día buscando vasos disponibles; seres humanos que quieran ser usados por Dios para restaurar nuestras naciones y que así Dios pueda dar a luz los planes que Él estableció para tu país y el mío, desde antes de la fundación del mundo. Hoy te invito a que te unas a mí, cada día, en ruegos, oraciones y suplicas, por esta nación y por todas las naciones de la Tierra. Juntos hemos de ver la gloria de Dios manifestarse en cada país y los pueblos vecinos no tendrán más que reconocer que el favor de Dios está con nosotros y dirán, como en Deuteronomio 4:6, "Ciertamente, pueblo sabio y entendido, nación grande es ésta".

Declaro que hoy venimos humillados delante de Ti Señor, que nos arrepentimos y te pedimos perdón por todo pecado cometido por la gente de nuestra nación. Pedimos perdón incluso, por aquellos pecados cometidos por nuestros antepasados hasta la tercera y cuarta generación. Declaramos que Tú Jehová, desciendes y sanas nuestra tierra.

"...[14] si se humilla mi pueblo, sobre el cual mi nombre es invocado, y oran, y buscan mi rostro, y se convierten de sus malos caminos; entonces yo oiré desde los cielos, perdonaré sus pecados y sanaré su tierra".
2 Crónicas 7:14

....

....

....

....

Declaro Señor, que tu gloria llenará la Tierra y será vista en todas las naciones; declaro Señor, que tu gloria cubrirá estados, países y territorios; que éstos serán convertidos en lugares ganados para Cristo, y serán heredad del Reino de Dios para nuestros hijos.

"[21] Pero tan ciertamente como vivo yo y mi gloria llena toda la tierra...".
Números 14:21

Declaro que el enemigo no puede tocar, bloquear, ni robar ninguna oración hecha por el pueblo de Dios. Declaro que las lágrimas y el clamor de la gente de toda raza, lengua y nación, que ha sido comprada por la sangre de Cristo, están guardados en copa de oro, y permanecen bajo sello ante el trono de tu gracia.

"[8] Cuando hubo tomado el libro, los cuatro seres vivientes y los veinticuatro ancianos se postraron delante del Cordero. Todos tenían arpas y copas de oro llenas de incienso, que son las oraciones de los santos".
Apocalipsis 5:8

....

....

....

....

Activo ángeles de Jehová, con espada desenvainada, que castigarán a nuestros enemigos; envío lanzas de fuego que destruyen toda fortaleza del diablo. Hoy, Señor, en tu nombre activo ángeles para traer juicio a las naciones. Por el dedo de Jehová, penetro el campamento del diablo; lo paralizo, lo ato y lo echo fuera, en el nombre de Jesús de Nazaret.

"[15] Me invocará, y yo le responderé; con él estaré yo en la angustia; lo libraré y le glorificaré. [16] Lo saciaré de larga vida, y le mostraré mi salvación".
Salmos 91:15, 16

Declaro que las naciones de la Tierra son benditas, que son linaje escogido, que son naciones santas, que son pueblo adquirido por Dios; y que los hombres y mujeres de esas naciones proclaman las maravillosas obras hechas por la mano de Dios.

"[9] Pero ustedes son linaje escogido, real sacerdocio, nación santa, pueblo que pertenece a Dios, para que proclamen las obras maravillosas de aquel que los llamó de las tinieblas a su luz admirable".
1 Pedro 2:9 (NVI)

Declaro que la gloria que en el último tiempo levanta a los Estados Unidos, es mayor que la gloria que encumbró a esta nación anteriormente.

"[9] La gloria de esta segunda Casa será mayor que la de la primera, ha dicho Jehová de los ejércitos; y daré paz en este lugar, dice Jehová de los ejércitos".
Hageo 2:9

Capítulo 13

Oraciones por los extranjeros

Oraciones por los Extranjeros

Cuando Dios habla de los extranjeros, nos manda tratarlos con amor y respeto. Dice la palabra de Dios, en Éxodo 12, que la misma ley debe regir tanto para el natural como para el extranjero. Mientras que Éxodo 22 y 23 nos manda a no engañar ni angustiar ni oprimir al extranjero, "porque vosotros sabéis cómo es el alma del extranjero, ya que extranjeros fuisteis en la tierra de Egipto". Por su parte, Levítico 19, establece que "cuando el extranjero habite con vosotros en vuestra tierra, no lo oprimiréis". Muchos de nosotros descendemos de familias extranjeras y sabemos lo que es sufrir cuando llegamos a una nación diferente a la nuestra. Dios es un padre de amor y misericordia, que no hace distinción entre las personas ni mira la cantidad de dinero que posees ni el extracto social del que provienes. Su más profundo deseo es que todos lleguemos al conocimiento de su hijo Jesucristo, y que a través de Él podamos recibir todas las bendiciones que tiene para nosotros. Sé que el Señor está muy interesado en que intercedamos a favor del extranjero; que oremos y actuemos a favor de su causa. Únase a mí y juntos empecemos a creer por documentos legales para usted y sus hijos.

¡*Declaro* la legalidad para todos los extranjeros que viven en este país! Pido perdón, Señor, por aquellas personas que entraron a este país traspasando las fronteras que han levantado los hombres; pero así como Tú nos has perdonado en el Cielo y nos has dado la ciudadanía de la patria celestial, asimismo, Señor, yo reclamo la ciudadanía para todos aquellos que han venido a servir y honrar a este país. En el nombre de Jesús, declaro, decreto y establezco que yo soy legal porque la palabra de Dios dice que soy ciudadano(a) del Cielo; y si soy legal en el Cielo, también soy legal en la Tierra.

"19 Por eso, ya no sois extranjeros ni forasteros, sino conciudadanos de los santos y miembros de la familia de Dios".
Efesios 2:19

En el nombre poderoso de Jesús, activo al ángel de Jehová, que viene con espada desenvainada, derribando ahora mismo toda oposición y toda fortaleza que ha paralizado o demorado la legalización, residencia, ciudadanía y licencias de conducir, que le pertenecen al pueblo de Dios.

"[13] Aconteció que estando Josué cerca de Jericó, alzó los ojos y vio a un hombre que estaba delante de él, con una espada desenvainada en su mano...".
Josué 5:13

Declaro, Señor, que Tú me bendices en la tierra donde me has puesto; que me das ideas creativas para prosperar, que multiplicas el fruto de mi trabajo y bendices las obras de mis manos. Declaro, Señor, que todos los pueblos de la Tierra verán que tu nombre es exaltado en todo lo que hago.

"[8] Jehová enviará su bendición sobre tus graneros y sobre todo aquello en que pongas tu mano, y te bendecirá en la tierra que Jehová, tu Dios, te da".
Deuteronomio 28:8

....

....

....

....

Señor, en tu nombre, levanto defensa a favor del extranjero. Declaro, Señor, leyes justas de inmigración que abran nuevas oportunidades para todos los que vivimos en este país. Declaro que los inmigrantes son hombres y mujeres de bien, gente trabajadora, que lo que buscan es el bienestar de este país. Declaro que Jesús es su abogado por excelencia, y que Él intercede por ellos con poder y autoridad.

"[34] ¿Quién es el que condenará? Cristo es el que murió; más aun, el que también resucitó, el que además está a la diestra de Dios, el que también intercede por nosotros".
Romanos 8:34

....

....

....

....

....

....

....

....

....

....

....

Capítulo 14

ORACIONES
POR ISRAEL

Oraciones por Israel

La palabra de Dios nos manda a orar por Israel. La razón principal, es que Israel fue la nación elegida por Dios para que Jesús, su hijo unigénito, nuestro Señor y salvador, viniera a la tierra. Durante muchos años, Israel ha vivido sumido en medio de peligros, guerras y holocaustos. Mucha sangre se ha derramado sobre esa tierra, cantidad de mártires han dado su vida por defender la fe; han sufrido invasiones y pleitos territoriales por parte de enemigos cercanos y lejanos; pero en medio de todo, la mano de Dios jamás lo ha abandonado y siempre ha sido un pueblo bendecido. Dios necesita que la iglesia de Jesucristo se levante a orar por el pueblo que Él mismo escogió. Tu oración al Dios de Israel tiene la capacidad de hacer que El Espíritu Santo abra los ojos de ese pueblo para que la luz del evangelio del Reino resplandezca sobre ellos, y que la salvación que han anhelado tantas generaciones de israelitas se manifieste sobre sus vidas de una manera poderosa. Hoy te invito a que te unas al clamor de Dios y juntos, en todas las iglesias de la Tierra, oremos por Israel hasta que la gloria de Dios resplandezca sobre esa gran nación.

Señor, oro conforme a tu Palabra y declaro la restauración de la casa de Israel. Si bien tu pueblo fue esparcido en las naciones, Tú mismo, Señor, hoy lo recoges y lo llevas de regreso a su país. Tú has dicho, Jehová, que no lo haces por ellos, sino por causa de tu santo nombre. Por eso, hoy anuncio a los montes y collados, a los arroyos y a los valles, que Israel se levanta; que tendrá más fruto y riqueza que nunca antes. Jehová, muestra tu poder, para que tu pueblo conozca a Jesús como su único Señor y Salvador.

"... [10] y multiplicaré al pueblo de Israel. Las ciudades serán repobladas, y reconstruidas las ruinas. [11] Sobre ustedes multiplicaré a los hombres y animales, y ellos serán fecundos y numerosos. Los poblaré como en tiempos pasados, y los haré prosperar más que antes. Entonces sabrán que yo soy el Señor.

Ezequiel 36:10, 11 (NVI)

Proclamo paz sobre los aires de Israel. Declaro, Señor, que Israel es una cuidad edificada para que tu nombre sea alabado. Desato tu paz, Señor, sobre el gobierno y las autoridades; sobre cada esquina de sus calles, sobre cada hombre y mujer del pueblo que Tú escogiste.

"[3] ¡Jerusalén, ciudad edificada para que en ella todos se congreguen! [6] Pidamos por la paz de Jerusalén: «Que vivan en paz los que te aman. [7] Que haya paz dentro de tus murallas, seguridad en tus fortalezas». [8]Y ahora, por mis hermanos y amigos te digo: «Deseo que tengas paz». [9] Por la casa del Señor nuestro Dios procuraré tu bienestar".
Salmos 122:3, 6-9 (NVI)

Señor, te damos gracias, porque tu Palabra dice que Israel proclamará el nombre de Jesús y lo adorará junto a todos los pueblos de la Tierra.

"... [21] para proclamar en Sión el nombre del Señor y anunciar en Jerusalén su alabanza. [22] cuando todos los pueblos y los reinos se reúnan para adorar al Señor".
Salmos 102:21, 22

....

....

....

....

Activo, en esta hora, la oración que hizo nuestro Señor Jesús sobre el pueblo de Israel y el pueblo cristiano. Declaro, Padre, que Jesús es uno con nosotros, como Tú eres uno con Él; declaro que juntos caminamos en unidad y que tu gloria es vista sobre tu pueblo. Pero no oro solamente por estos, Señor, sino también por los que han de creer en Jesús por la palabra de ellos.

"... 21 para que todos sean uno; como tú, Padre, en mí y yo en ti, que también ellos sean uno en nosotros, para que el mundo crea que tú me enviaste. 22 Yo les he dado la gloria que me diste, para que sean uno, así como nosotros somos uno".
Juan 17:21, 22

Declaro, Señor, que Tú haces brillar la luz de tu justicia sobre Israel; y las promesas y derechos que le pertenecen a tu pueblo se cumplirán, porque tu palabra es verdadera.

"6 Exhibirá tu justicia como la luz y tu derecho como el mediodía".
Salmos 37:6

Señor, en tu nombre, activo a los Nehemías de este tiempo, para que se levanten y restauren los muros derribados de Jerusalén, por medio de su oración e intercesión. Declaro que el Dios de los cielos nos prosperará, y nosotros, sus siervos, nos levantaremos y edificaremos, porque los enemigos de Israel no tienen parte ni derecho ni memoria sobre el pueblo de Dios.

"[17] Por eso les dije: —Ustedes son testigos de nuestra desgracia. Jerusalén está en ruinas, y sus puertas han sido consumidas por el fuego. ¡Vamos, anímense! ¡Reconstruyamos la muralla de Jerusalén para que ya nadie se burle de nosotros! [20] Yo les contesté: —El Dios del cielo nos concederá salir adelante. Nosotros, sus siervos, vamos a comenzar la reconstrucción...".
Nehemías 2:17, 20 (NVI)

Señor, reclamo cada una de tus promesas para el pueblo de Israel. Señor Jesús, declaro que sus ojos serán abiertos para ver tu gloria, y sus oídos serán abiertos para oír tus promesas.

"[5] Entonces los ojos de los ciegos serán abiertos y destapados los oídos de los sordos".
Isaías 35:5

....

....

....

....

Decreto, Señor, que ningún ejército enemigo acampará para ir en guerra contra tu pueblo. Toda estrategia de guerra que se esté planeando contra Israel es anulada, destruida y declarada ilegal. Ningún arma forjada contra tu pueblo prosperará. Toda arma que se levante contra Israel se arruina, ¡ahora mismo! en el nombre de Jesús.

"[4] Él juzgará entre las naciones y reprenderá a muchos pueblos. Convertirán sus espadas en rejas de arado y sus lanzas en hoces; no alzará espada nación contra nación ni se adiestrarán más para la guerra".
Isaías 2:4

¡Señor, ten misericordia de Israel! No mires la terquedad ni el pecado de tu pueblo. Acuérdate ¡oh Dios! de tus fieles siervos y no permitas que la destrucción llegue a tu heredad.

"[26] Y oré a Jehová diciendo: Señor Jehová, no destruyas a tu pueblo, a la heredad que has redimido con tu grandeza y que sacaste de Egipto con mano poderosa. [27] Acuérdate de tus siervos Abraham, Isaac y Jacob; no mires la dureza de este pueblo, su impiedad ni su pecado".
Deuteronomio 9:26, 27

....

....

....

....

Señor, abre los oídos de tu pueblo escogido, para que pueda entender la verdad y reconocer el Señorío dado por el Padre a Jesús de Nazaret.

"[13] Teme al Señor tu Dios, sírvele solamente a él... [14]No sigas a esos dioses de los pueblos que te rodean".
Deuteronomio 6:13, 14

"[20] Esta fuerza operó en Cristo, resucitándolo de los muertos y sentándolo a su derecha en los lugares celestiales, [21] sobre todo principado y autoridad, poder y señorío, y sobre todo nombre que se nombra, no solo en este siglo, sino también en el venidero. [22] Y sometió todas las cosas debajo de sus pies, y lo dio por cabeza sobre todas las cosas a la iglesia.
Efesios 1:20-22

....

....

....

....

....

....

....

....

....

....

....

Katy
Veronica (787) 948-28 74
Mimi (917) 406-02-94